ホーム左手が加太電気鉄道→南海鉄道→弘南鉄道と渡り歩いてきたモハ50形モハ51。2両目は全く出自とスタイルの異なるクハ2502。ホーム右手は自社発注車のモハ9形モハ9。さらに右奥の留置車はモハ9形モハ10のようだ。
1970.7　日立電鉄 鮎川
P：網谷忠雄所蔵

日立電鉄ラッシュ時名物の4両編成。先頭からモハ1005＋サハ1501＋モハ1002＋モハ1004で、すべて元小田急モハ1形がベースながら個体差が大きい。
1986.10.29
日立電鉄 小沢—常北太田
P：寺田裕一

日立電鉄では1991〜97年にかけて元営団銀座線用2000形24両を譲り受けて、すべての旧型電車を置き換えた。塗色も面目を一新するユニークなものが採用された。
1999.5.17
日立電鉄 常北太田
P：寺田裕一

1

左は電動貨車のデワ101で、元は鉄道院の「院電」だったのが流れ着いたもの。晩年まで奇跡的によく原形を維持しており、廃車後に国鉄に引き取られ、現在は大宮の鉄道博物館でナデ6141として保存されている。右はこれまた名物車両モハ13形モハ16。神中鉄道キハ1000形を電車化した成り立ちで、元は前面が強く傾斜した一種の流線形車体であったが、後年に切妻化された。
1970.8　日立電鉄 鮎川　P：網谷忠雄所蔵

元営団の3000形のうち、3023と3025の2両が最晩年に旧型車のリバイバル塗装となり、固定編成として活躍した。
2005.3.30　日立電鉄 大橋—川中子　P：寺田裕一

静岡鉄道の自社製車体を持つクモハ110＋クモハ109の固定編成。当時の日立電鉄では随一の近代的スタイルだが、下回りは吊掛式。　　　　　　1981.5.3　日立電鉄 久慈浜—大甕　P：寺田裕一

東京横浜電鉄（現・東急電鉄東横線）の流線形ガソリンカーの後身とは思えないスタイルで活躍したクハ2501。ただし改造は前所有者の相模鉄道時代である。
1973.5.23　日立電鉄 大甕　P：白土貞夫

小田急電鉄デハ1形がルーツのモハ1000形のモハ1001（II）。原形と比べ窓配置を変更、幕板が薄くなるなど、軽快な姿に変身している。　　　　　　1973.5.23　日立電鉄 大甕　P：白土貞夫

鹿島鉄道では最盛期に3両のDD13タイプのDLが在籍したが、このDD902は唯一の自社発注車。2軸有蓋車3両にボギーのタンク車1両という貨物列車を牽いている。
1979.10.4
鹿島鉄道 常陸小川
Ｐ：寺田裕一

鹿島鉄道では、国鉄キハ07形の譲渡車が奇跡的に廃止時まで活躍していた。特徴的な半円形の運転台は折妻化されていたが、側面の窓配置や台車には原形の形態が色濃く残されていた。写真はキハ601。
2001.8.16　鹿島鉄道 借宿前　Ｐ：宮下洋一

鹿島鉄道が1989〜92年にかけて4両を導入した軽快気動車KR-500形KR-505。当初は全車、写真のような薄紫色とオレンジ色のストライプだったが、後年に1両ごとに異なる単色ストライプとなった。
1999.5.17　鹿島鉄道 浜—玉造町　Ｐ：寺田裕一

加越能鉄道から譲渡された鹿島鉄道キハ431・432は好ましい湘南顔の中型ディーゼルカー。最末期は金太郎塗り分けで431が緑色、432が朱色という色違いとされていた。
2007.3.31
鹿島鉄道 石岡
Ｐ：寺田裕一

石岡駅隣接の石岡機関区で入庫中のキハ42504。キハ07のスタイルを維持していた原形の時代で、後年はスタイルを変えてキハ602として路線廃止まで活躍した。
　　　　　　　　　　　　　　　　　　　　　　　　　　　　1970.05　鹿島鉄道 石岡　P：網谷忠雄所蔵

筑波の双峰を望みながら霞ヶ浦湖岸を走る、鉾田行きキハ714。同車は夕張鉄道から譲渡された湘南顔の20m級気動車で、路線廃止まで活躍した。
　　　　　　　　　　　　　　　　　　　　　　1980.3.13　鹿島鉄道 常陸小川—桃浦　P：根本幸男(白土貞夫所蔵)

"三角電車" のあだ名が付けられていたモハ14。
運転台窓が他の窓よりも広い、この時代として
は珍しい左右非対称の面構えを見せている。
　　　　1952.4.10　久慈浜　P：中川浩一

はじめに

　地元の人々が「日製」「日鉱」と呼ぶ日立製作所、日鉱金属（元日本鉱業）の企業城下町ともいえる茨城県日立市を海岸沿いに走るJR常磐線は、市内に南から順に大甕、常陸多賀、日立、小木津の四駅を置く。難読駅の大甕は「おおみか」と読むが、同駅を中心に18.1kmの路線を走るのが日立電鉄である。常磐線列車からは大甕駅付近と常陸多賀ー日立間の海側で鮎川駅構内が僅かに眺められるだけだが、実は茨城、福島県境近くの地に3年近く単身赴任した時期があった私には、自宅への往復の都度、車窓からどんな電車が停車しているかをチラリと垣間見ながら通過するのが楽しみでもあった。なにしろ流線型をバッサリ切った電車が何形式もいたり、生い立ちに何やら曰くがあ

りそうな車輌等々、どれをとっても興味深い電車ばかりであったからだ。

　途中下車しての撮影は数える程であり、それ以前の訪問は、1960年代に終焉近かった常磐線蒸機撮影の行き掛けの駄賃にカメラに収める程度であった。決して、本格的な撮影や調査をしたわけではないが、去就が云々されるようになった昨今、

そんな拙いものであってもベースにして、創業時からの記録を写真とともにまとめておくことも大切ではないかと考えてみた。沿線では「電鉄」と呼ばれて、永く親しまれた鉄道の姿をいつまでも残しておくために…。

モハ1004＋サハ2801＋サハ1501＋モハ1005　田園地帯から工場の街へ大勢の人達を乗せて快走する朝の4輌編成は、当電鉄最盛期のシンボルでもあった。　　　　　　　　1976.4.16　川中子一大橋　P：根本幸男

常北電気鉄道から日立電鉄へ

　1899（明治32）年4月1日水戸～常陸太田間を開通
させた水戸鉄道が、太田町（現常陸太田市）から路線
を延長せず、途中の上菅谷から分岐して常陸大宮まで
開業したのは1921（大正10）年10月23日である。続い
て郡山までの国鉄大郡線（現水郡線）建設が確定する
と、それまで久慈川中、下流域と支流の里川渓谷に通
じる街道によって福島県内まで連絡する奥深い商圏に
よって栄えてきた太田町の将来に陰りが生ずるように
なる。単なる盲腸線の終点と化した太田の町勢衰微を
ストップさせ、再興を願う地元の人達の活性化策が太
田町と常磐線大甕駅を結ぶ鉄道の建設であった。

　この動きは軌道法に基く常北電気軌道出願となつて
具体化する。しかし茨城県知事は地方鉄道として敷設
することの有利性を指導したため、1921（大正10）年
7月13日茨城県久慈郡小里村（現里美村）～多賀郡坂
上村（現日立市・大甕駅）間の地方鉄道敷設免許を改
めて申請した。この企ては1922（大正11）年11月16日
免許されるが、政友会代議士で、常南電気鉄道創業に
も関わった発起人総代の市村貞造が免許取得直後に死
去。以後は地元太田町出身の竹内権兵衛を中心に活動
するが、社長を勤める水浜電車（現茨城交通）の開業
に奔走していた時期でもあり、資金難も加わって会社
設立にはなかなか至らず、工事施工認可申請期限を5
回も延期してようやく免許失効を免れる有様であった。
1926（大正15）年12月6日には、いち早く太田町～小

久慈浜トンネル付近を走行するデハ3　トンネル上部は常磐線が通過し
ている。デハ3はデハ1に比べ方向幕がない。恐らく無用なものとして
取り払われたものか。　　　1940.7.7　久慈浜－南高野　P：高松吉太郎

里村間建設を断念する起業目論見変更申請を提出、翌
年4月23日認可されている。水浜電車の新規開業と前
後して、ようやく常北電気鉄道建設の機運も高まり、
会社の設立総会が1927（昭和2）年7月30日（8月12
日登記）開催された。資本金100万円、本社所在地を茨
城県久慈郡太田町2229番地に置き、初代社長には竹内
権兵衛が就任した。重役13人のうち5人は竹内一族な
ど水浜電車関係者が占めた。だが有力な産業のない地
元では株式総数2万株全部の消化は難しく、日本レー
ル株式会社および大阪電機工業所が約1/3の7千株を
引受けて、ようやく資金調達ができた有様で、その見
返りとして、軌条は日本レール（株）が納入し、車輛施
設購入と土木工事一切は大阪電機工業所が担当して、
1928（昭和3）年1月29日起工した。会社の営業は、

開業当時の久慈（現在の久慈浜）駅々舎　駅名標の「久慈駅」から開業当初の撮影と分かる。右端にはデワ1が僅かに見えている。
1929年頃　絵葉書所蔵：白土貞夫

常北電氣鐵道沿線案内圖

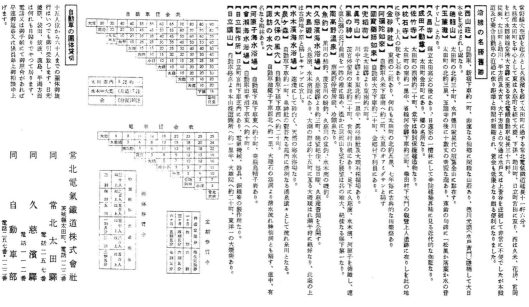

常北電鐵沿線案内

常磐線大甕驛を起点とし久慈濱を經て太田町に通ずる常北電氣鐵道延長十一粁六分。

沿線の名勝舊蹟

西山莊　自動車、新宿下車約一町、幽邃なる仙鄕に閑雅なる山莊あり、徳川光圀公（水戸黄門）隱栖して大日本史を編纂せし所なり。

瑞龍山　自動車、太田町の北約三十町、水戸徳川家代々の墳墓金山に接せり。

玉簾瀧　太田町の北約三十町、玉簾寺の奇勝なる瀧あり。翁の句碑に「松風か落葉か水の音すなり」とあり。

久昌寺　縣立太田高女の後にあり、何れも太田町の北約九里、日蓮宗の一靈林にて……

（以下沿線各地の名勝舊蹟の解説が続く）

自動車の團体貸切

十五人位から六十人までの團体御旅行はいつでも御受致します、日光、筑波、鹿島、平潟方面は何れも日歸りでやつて居ります、……

常北電氣鐵道株式會社
茨城縣太田町　電話二二番

　同　常北太田驛　電話二五七番

　同　久慈濱驛　電話一一二番

　同　自動車部　電話二五七番・一二三番

常北電気鉄道沿線案内　バス路線と併記されたもので、大甕～常北太田間が鉄道路線である。

所蔵：宮田憲誠

同年６月５日竹内権兵衛（個人）から譲受けたバス事業によりスタートする。この部門は会社設立直後に久慈交通の営業権を買収したものだが、会社がバス営業の認可を得ていなかったため、名目上、社長個人経営としていたものを正式に経営することになったに過ぎない。

　鉄道建設工事は、先ず竣工した大甕～久慈（現久慈浜）間2.1kmが1928（昭和３）年12月27日開通する。続いて久慈～常北太田間9.4kmの工事が進められ、常磐線と交差する久慈浜トンネル掘削、里川橋梁の架橋など

の難工事や洪水などの障害を克服して1929（昭和4）年7月3日開業。これにより大甕〜常北太田間11.5kmが完成した。全通時には電動客車6輌、電動貨車2輌、貨車5輌を保有した。

これに先立ち1928（昭和3）年5月22日には久慈郡太田町（常北太田駅）〜同郡大宮町間、翌年5月1日多賀郡坂上村（大甕駅）〜同郡助川町（現日立市）間の敷設免許申請を行うが、ともに1930（昭和5）年10月22日却下されてしまう。もつとも全線開通までの建設費が当初予算85万8千円を大幅に上回る116万7千円に達し、乗客も期待に反して1日平均1千人を割リ

込み「運輸収入は1日あたり380円を見込んでいたものが、実算ではその57％にあたる223円、輸送人員においても大同小異、創業時の心意気とは裏腹にまことにみじめであった。その後も回復の兆しを見せぬばかりか、昭和6年後半になると一日の運輸収入は遂に100円を割る状態になってしまった」と『日立電鉄50年史』が書く苦難の時期であり、延長路線建設が免許されても実現困難であったと思われる。その後も経営不振は続き、1934（昭和9）年4月には繰越欠損金が12万5千円、支払手形は60万円を越え、負債総額は68万円にも達して社内では内紛も起こる有様となった。このため

川中子駅に進入のデハ1　下校時なのか白線入りの学帽の旧制中学生が大勢乗っている。身体を乗り出した1人の足元がゲートル巻なのも戦時色濃厚な時代を

会社は50万円に一旦減資の上、大口債権者である日本レール、大阪電機工業所、川崎第百銀行には債権額合計30万円を現物出資とみなす株金振替で新資本金を80万円に改めた。こうして苦況を乗り越えた常北電気鉄道は、年間営業利益4万円近くを挙げ極めて順調な自動車部門と地方鉄道補助金に支えられ、昭和14年度4月決算では初めて年2分配当を実施、以後6年間3～4分配当を継続する。

　しかし経営好転の最大の理由は日中戦争勃発による軍需関連産業の好況を反映した日立製作所、すなわち「日製」の工場新設、拡張の影響である。「日製」はそ

1940.7.7　P：高松吉太郎

れまで拠点としてきた日立工場に加えて、1939（昭和14）年に多賀工場、1940（昭和15）年に水戸工場を増設し、これに伴う人口増によって多賀町や日立市が誕生。常北沿線からの通勤客も急増して昭和9年度上期には917人に過ぎなかった1日平均乗客が同14年度上期には3068人、同15年度上期4348人、同16年度上期5018人と急増、終戦時の昭和20年度上期は13375人にも達し、それまでのピークを迎えている。

　また、1940（昭和15）年3月30日付で大甕～多賀～日立市に至る路線の敷設免許を再度申請、1942（昭和17）年5月22日免許を得た。コースは「大甕駅から海岸寄リに水木、河原子を経て国道に沿ふて桜川役宅前を鮎川に至る区間で、鮎川停留場には国鉄でも停車場を併置する予定…鮎川以北は日立市会瀬で常磐線を横切り、市内に乗入れるが終点は未定で〝当初の日立駅に接続する案は、市内中心部がよいとの意見に傾いているが決まっていない〟とは常北電鉄社長の談」と1944（昭和19）年5月18日付『いはらき』新聞が伝えている。日立以北へも日立市～高萩町（現高萩市）間9.0kmの延長が計画され、1943（昭和18）年3月29日免許出願するが、翌年2月15日取リ下げた。

　当時の「日製」には通勤輸送および資材、製品の搬出入の円滑化を図る目的で、水戸から日立にかけて帯状に連なる自社工場群を結ぶ高速電気鉄道建設構想があり、日立電気鉄道の名で水戸市棚町～日立市助川間32.4km敷設を1940（昭和15）年7月8日出願している。その一環として常北電気鉄道活用が着目され、日立電気鉄道予定線とは南高野駅で接続し、同駅～助川間を免許申請区間から削除するとともに、経営権委譲の申入れを行ってきた。常北側も近い将来免許が予定される新線を独自に実現できる自信はなく、「日製」の巨大な資本力支援に期待して傘下に加わることを応諾、1941（昭和16）年3月19日全株式の84％を取得した同社が完全に経営を掌握した。時代の変化とはいえ太田方面の経済発展を考えて敷設された常北電気鉄道は「日製」と日立市の経済的利益を図ることに、その重点が置換えられたわけで、それを象徴するように1944（昭和19）年7月31日社名を日立電鉄と変更した。資本金は400万円であった。

　これに先立って既に「日製」支配下の日立バスを同年3月29日合併、さらに7月27日には多賀郡、日立市内のバス8業者を買収した。これは陸運統制令による事業統合の結果であるが、当初案では、茨城県北部地区は「公称資本金ノ最大ナル常北電気鉄道ヲ母体トシ他五社ハ之ニ合併スルコト…合併成立ト同時ニ常北ハ其ノ商号ヲ変更スルコト」を予定し、水浜電車、茨城

鉄道、湊鉄道、日立バス、袋田温泉自動車の5社を合併、他の中小19業者を買収するように仕組まれていた。それが水浜電車を中心とした4社統合（日立バスは前記のとおり合併済）の茨城交通が新発足し、日立電鉄が分離独立したのは「日製」への通勤輸送が当時は国策として最重要視されていたことと「日製」側に同社系列会社統合の動きがあったためとされ、軍需優先の名目で独立を保ち得たといえよう。

新線建設は1944（昭和19）年3月15日大甕～日立間免許線のうち、大甕～鮎川間工事が始まった。在来の大甕～常北太田間にはボギー電車を1942（昭和17）年7月と1944（昭和19）年に各2輌を新製増備して輸送力は大幅アップしていたが、「日製」多賀工場等への通勤のネックとなっていた大甕駅乗換の解消を図るために工事は急がれた。1945（昭和20）年4月28日付『いはらき』新聞には「工事は六月十五日までに完成せしむべく努力を続けているが、大甕駅の省線を跨ぐ工事は後回しとなるため、太田方面の乗客は省線の跨線橋を利用して乗換ることになる」の記事を掲載している。これは海側上リホーム片側に発着中の既設線が、新線完成後は常磐線を越えて山側下リホーム脇の新設ホーム発着に変更されるが立体交差部分の工事が遅れ、大甕駅では乗換を要することになるとの記事である。ところが戦局の緊迫につれて資材難、労働力不足が顕著になり、さらに米軍の空襲や艦砲射撃で「日製」工場は壊滅的被害を被るなど悪条件が重なって、50％にも

鮎川駅初代駅舎　1977年まで使用の木造駅舎。日立市中心地への延長の夢はかなわず、終点駅のままで終ることになる。
1973.5.23　P：白土貞夫

満たぬ施工量でストップしたまま終戦を迎えた。工事は1946（昭和21）年4月再開するが、インフレによる物価騰貴で資金に窮し、資材事情も極度に悪化するなかで1947（昭和22）年9月1日大甕～鮎川間6.5kmの開業を果たしたのは非常な努力の結果といえよう。しかし、会社の実情は「倒産寸前」と『日立電鉄40年史』が書くように連帯運輸勘定（当社発売の大甕駅経由国鉄運賃分）代金994万円を流用して未払いとなるなどの窮状を呈していた。

このようなピンチを救ったのは、人員整理と増資が何とか達成できたからである。沿線地方自治体による株式引受けと戦後の持株会社制限令によって一旦とぎれた「日製」との資本関係が復活したことが増資を成

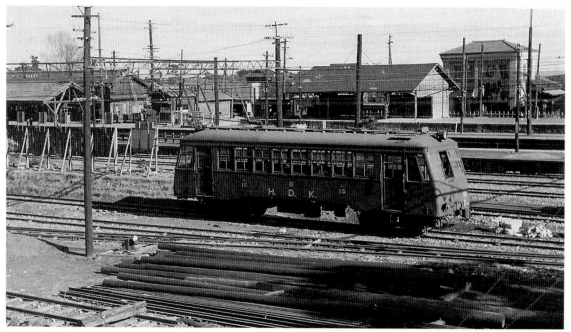

山側移転後の大甕駅に入線するモハ15　大甕～鮎川間の開業により、日立電鉄の大甕駅は常磐線の山側に移転した。モハ15の背後に見える貨物上屋手前がかつての日立電鉄の発着ホーム。
1953.1.9　大甕　P：吉川文夫

ワンマン化後のモハ13　昭和30年代から積極的に合理化策、近代化策が打ち出され、昭和40年代前半には自動閉塞化、CTC化を相次いで果している。1971
年導入のワンマン運転も、地方鉄道の電化路線としては全国初であった。
1976.3.13　大沼　P：根本幸男

功させ、以後はバス部門の好調も手伝って社運は急速に立ち直った。鮎川以北の計画線は日立市でも、その実現を再三陳情したが、常磐線オーバークロス、市街地の用地買収困難などの課題が解決できず、1959（昭和34）年8月25日免許失効している。戦後の計画では、1953（昭和28）年9月25日付で久慈浜信号場（大甕～久慈浜間に新設予定）～久慈浜港間1.6km、1960（昭和35）年5月23日大甕～日立港間2.1km（内燃動力）の免許申請を行った。この二つの臨港線プランは1959（昭和34）年6月15日および1968（昭和43）年8月29日申請を取り下げ、実現しなかった。

戦中、戦後には、唯一の交通機関として好成績を上げた鉄道部門も、昭和36年度以降は、再び自動車の進出によって経営が悪化する。そのため合理化施策が数多く実施され要員縮小を図った。1956（昭和31）年2月からの併合閉塞では、従来の常北太田～大甕間がタブレット式4区間、大甕～鮎川間は票券式3区間であった保安方式を例外的に早朝深夜はタブレット式2区間、票券式2区間として扱う方式で全国初めてのケース。その後の国鉄閑散線、地方私鉄で採用の先駆けとなった。続いて採用された単線自動閉塞化は1966（昭和41）年6月16日全線完了。1969（昭和44）年3月8日にはCTC導入も果たしている。ワンマン運転も地方鉄道では関東鉄道竜ヶ崎線に続くもので、1971（昭和46）年10月1日常北太田～大甕間で日中のみ始まり、

後に全線での運行を開始した。さらに種々雑多な車輛も営団2000形改造電車を平成3～9年度に購入して3形式に統一したのを機会に、ATSを1995（平成7）年11月導入して、一応の近代化を達成した。

ただ最近の乗客数は下降の一途をたどり、『常陸太田市史通史編』も「現在電車の利用客は極めて少なく、最盛期の面影はない」と書くほどで、2002（平成14）年度は一日平均4850人。ピーク時昭和36年度の19701人の1/4まで落ち込み、会社はこれ以上の維持存続は困難として2004（平成16）年3月26日国土交通省へ2005（平成17）年3月31日限りの廃止届を提出した。沿線自治体の反応も賛否両論があり、今後の推移が注目される。

現在の久慈浜駅構内　車輛は営団2000形改造電車に統一され、車庫、ホーム、架線柱も全て近代化された21世紀のある日の光景。
2004.5.26　P：白土貞夫

13

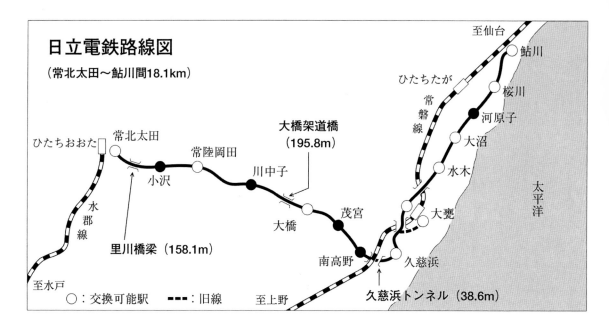

日立電鉄路線図

（常北太田〜鮎川間18.1km）

里川橋梁（158.1m）　大橋架道橋（195.8m）　久慈浜トンネル（38.6m）

○：交換可能駅　━━━：旧線

施設のあらまし

日立電鉄の0キロポストは大甕駅に所在するが、鮎川から常陸太田へ向かってを下り、常陸太田からは上りと称している。これは開業時の起点が大甕駅であったことに由来するが、当時は国鉄駅舎横の常磐線上りホーム海側に発着していた。現在は駐車場と化した往時の貨物ホームとの中間である。最初のプランでは現行と同じく山側に発着し、常磐線との交差を避け同線西側を平行して南高野駅付近に達するルートを予定したが、それでは久慈駅位置が同町市街と離れ過ぎる。

利用者や貨物の搬出入に常磐線踏切を通過するのは危険だなどとの地元の陳情を受入れ、線路を久慈町に接近させた現在線ルートに変更（大正15年1月6日申請）した。駅は別表のとおりで、常北太田駅は旧社名を今日に伝え、久慈浜駅は旧称を久慈と称したが、国鉄八戸線久慈駅開業直前に重複を避けて1929（昭和4）年8月15日改称した。桜川駅は近年「関東の駅100選」に選ばれている。

線路は軌間1067mm、全線単線、本線延長は18.524kmである。最小曲線半径は160m，最急勾配30‰は大甕−水木間の常磐線乗越区間に存在する。橋梁は18カ所あり主要なものは大橋架道橋の195.8m、里川橋梁の158.1mが挙げられる。トンネルは久慈浜−南高野間に所在の久慈浜ずい道38.6mの1カ所のみである。大甕〜鮎川間は開通が資材不足の時代であり、橋梁などは中古品転用と思われるが記録がない。軌条は開業以来30kg/mを使用していたが、平成6年度全線40kg/m化を完了した。

電気関係では、架線電圧は直流600V、開業時には回転変流機2基、出力300kWの久慈浜変電所1カ所のみであったが、路線延長や列車数増加により、常陸岡田、桜川に増設され、現在は3カ所すべてシリコン整流器を備え、出力合計2000kWである。吊架方式は大甕〜常北太田間の直接吊架式を、当初からシンプルカテナリーであった新線区間と同様に1955（昭和30）年7月に改めた。

車庫、工場は久慈浜にあるが、車輌の大半は常北太田、大甕に留置されており、一部は鮎川にも置かれている。

駅名一覧表　　　　　○印は交換可能駅

駅名	累計程km	所在地	開業年月日	備考
○常北太田	11.53	常陸太田市山下町1705	昭4.7.3	
小沢	10.00	〃 小沢町土砂方815	〃	
○常陸岡田	9.00	〃 岡田町樋口1254	〃	
（小目）	7.84	〃 小目町	〃	昭19.9.2休止 昭22.11.18廃止
川中子	7.22	〃 小目町芦の内791	〃	
○大橋	5.33	日立市大和田町南宿325-6	〃	
茂宮	4.34	〃 石名坂町川端535	〃	
南高野	3.10	〃 南高野町久保1001	昭4.8.16	昭19.10.1休止 昭27.9.1復活再開
○久慈浜	2.08	〃 久慈3-24-1	昭3.12.27	昭4.8.15久慈を改称
○大甕	0.00	〃 大みか町2-23-1	〃	常磐線連絡駅
○水木	1.53	〃 水木町2-2-15	昭22.9.1	昭36.1.7以前は交換不能
○大沼	2.93	〃 東金沢町2-16-15	〃	
河原子	4.00	〃 河原子町4-7-18	〃	昭23.8現在地へ0.3km移転
○桜川	5.10	〃 国分町1-2-1	〃	
○鮎川	6.55	〃 国分町1-6-2	〃	

鮎川駅構内 多くの車輌が留置される構内は広いが、ホーム有効長は短く3輌が限度。4輌編成は最後部車輌のドア開閉をカットした。
1973.5.23 P：白土貞夫

特急〈ひたち〉と顔を合わせたモハ13 鮎川駅構内は常磐線線路に隣接し、ホームからは列車の通過が間近に眺められた。
1978.4.23 P：根本幸男

大甕駅の旧日立電鉄ホーム跡 貨車留置中のホームが1946年2月新線開通以前の発着ホーム。構内南端から旧線跡が今も残る。
1973.5.23 P：白土貞夫

大甕駅ホーム 常磐線ホーム西側にあり、日立電鉄最大の乗降数を誇る。常磐線との列車接続の関係で停車時間も長く、山側には車輌が留置されている。
1975.7.12 P：根本幸男

久慈浜駅構内　13頁下の写真と同一位置からの撮影。木造屋根の車庫、屋根のないホーム、架線柱は木柱で、まだ古きよき時代の面影を残していた頃の情景。クハ2502（左）とモハ13が見える。

1973.5.23　P：白土貞夫

現在の久慈浜駅　1972年完成の新駅舎。低地に所在し、水害による被害多発のため、嵩上部分が目立つ。　2004.5.26　P：白土貞夫

大橋架道橋　日立電鉄最長の橋梁。上路プレートガーダが長く連ねられた上を、3027＋3026が低速で進む。

2004.3.9　大橋－川中子　P：白土貞夫

常北太田駅構内　長いホームは3番線まであり、背後には留置線がつながる。左からクハ2502、モハ2230、モハ1001Ⅱ、モハ9。

1972.9.23　P：白土貞夫

改築後の常北太田駅　1954年までは本社事務所も同居した旧駅舎を1972年に改築した。道路を隔てて水郡線常陸太田駅が位置する。

1973.5.23　P：白土貞夫

運転の概要

　開業直後の1930（昭和5）年5月鉄道省刊行『日本案内記』に「久慈川を渡れば常北電気鉄道（大甕太田間11粁6）を横切り、久慈の市街を右に見て大甕に着く」と紹介された当時の同年4月1日改正運行状況は、常北太田5時32分発から大甕22時43分発まで55本。約40分間隔に発車し所要時間は約35分程度、太平洋戦争終了間際の1944（昭和19）年12月には常北太田5時17分発から大甕20時46分発まで区間運転を含め43本、日中は約60分間隔に落ち込んだ。ただ早朝5～6時台の大甕へは6～15分間隔で到着し、産業戦士（戦時中は軍需工場職員をこう呼んだ）の通勤輸送のため限られた本数の常磐線列車への接続を図っている。所要時間にはほとんど変化はない。

　常北太田～鮎川間全通直後の1950（昭和25）年9月には51本、全線を約40分で走行したが、「日製」の発展拡充による通勤輸送のため、1958（昭和33）年6月1日改正では15～60分毎に63本、全線約35分に向上、1962

（昭和37）年5月からは朝夕通勤時に快速列車が登場し常北太田～鮎川間を31分で走行した。翌年6月1日改正ダイヤでは運行回数が91本に達したのをピークに以後は減少傾向を示すようになり、快速運転も1973（昭和48）年10月中止。ラッシュ時の4連も平成5（1993）年3月改正で消えた。1999（平成11）年4月5日改正では、桜川、水木、久慈浜、大橋、常陸岡田交換の完全16分ヘッドネットダイヤを組み92本を設定したが、乗客増に結び付かず12月4日改正で82本運行になった。

　現行の2004（平成16）年3月13日改正ダイヤは平日が常北太田～鮎川間45本、大甕～鮎川間3本、久慈浜～鮎川間2本、常北太田～大甕間3本の計53本、朝夕約30分、日中60分毎発車、土休日は常北太田～鮎川間38本、大甕～鮎川間2本、常北太田～大甕間2本の計42本で終日約60分毎発車であり、それまでの平日朝夕約15～20分、日中約40分毎、区間運行を含む69本運転に比し大幅減便になってしまった。なお、日立電鉄のダイヤは常磐線列車接続の関係で大甕駅の停車時間に長短があるのが特徴である。

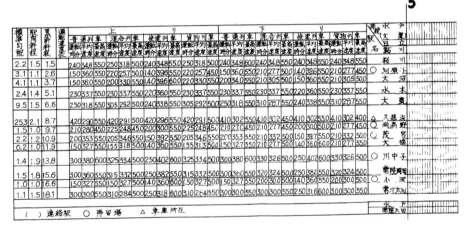

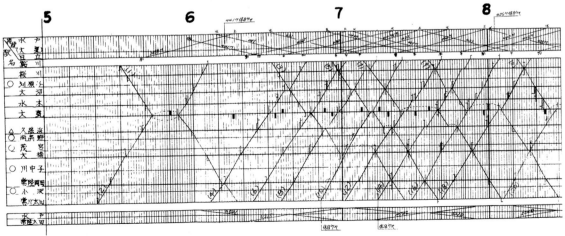

1971年10月1日改正列車運行図表　矢印がついた常北太田7時51分発の10列車は快速列車である。

所蔵：白土貞夫

17

デハ101＋ワフ300＋デワ1　連続急勾配のこの区間は当電鉄最大の難所、戦中戦後の超満員電車は登りきれずに、行きつ戻りつの運転で乗務員泣かせであったという。　1953.1.9　久慈浜—大甕　P：吉川文夫

戦前・戦中期の車輌

　戦前の電車は全通時までに揃えた新造の6輌がすべてである。いずれも木造単車で、当時のローカル私鉄としては標準的な車輌といえる。多客時には後述のように電車をトレーラー扱いで増結していたらしい。戦時色が強くなると乗客激増に伴い初めてボギー電車4輌を新製するが、それでも車輌不足は解消せず、資材不足の戦時体制下では5輌の中古木造客車を譲り受けてようやく対応し得たに過ぎなかった。

デハ1〜3（デハ1形）

　常北電気鉄道開業時に新製した半流両運転台の木造単車。1928（昭和3）年12月17日設計認可により新潟鐵工所で製造。35psモーター2台を備えた軸距2743mmのブリル71E台車を履き、単ボールに方向幕を正面に持つ路面タイプの電車である。定員40人、自重10.69t、最大寸法8144×2540×3885mm、1940（昭和15）年7月7日デハ3に乗車した高松吉太郎氏は「同じタイプのデハ2をつなぎ、その後へ無蓋貨車2輌をつないだ百鬼夜行式の列車、しかも2輌目のデハ2はボールを下げてのサハ、先頭のデハ3の手ブレーキだけが命の綱だから心細い。警笛代用のブザーを鳴らしながら」満員客を乗せ、大甕一久慈浜間の急勾配を下る乗心地を

デハ1　常北開業を飾った戦前の主力車輌。戦後はモハ13形と引き替えに北国へ去ったが、新天地での活躍期間は短かった。
1940.7.7　久慈浜　P：高松吉太郎

『つばめ』9号にレポートされている。

　後述のデハ13形電車の見返り供出車輌として、デハ4〜6と同一手続により、富山地方鉄道高岡軌道線（現万葉線）デハ1〜3として譲渡した。

　なお、『日立電鉄40年史』巻頭に「創業時の電車、昭和4年当時」の説明で、正面と側面に16の車号を付けたボール付のダブル屋根、名古屋電車製作所らしい電車の写真を掲載しているが、該当車輌は存在せず、

デハ5　前面の大きなカーブが特徴で、丸屋根上の水雷型ベンチレーターがいかめしい。デハ1形よりもスタイルは近代的である。
1940.7.7　川中子　P：高松吉太郎

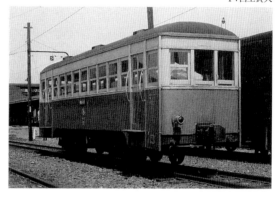

番号と不鮮明な社紋により旭川電気軌道16と推定したが、一時的に借入使用したのか、社史編纂時に所蔵していた他社の写真を自社車輌と誤認したか不明である。『図説日立市史』も同一写真を同じキャプションで載せている。

デハ4〜6（デハ4形）

　常北太田延長時に増備の木造単車。1929（昭和4）年4月17日設計認可で汽車会社支店で製造した。前記の高松氏報告には「運転台の前面に丸みがあり、エアブレーキ付」と掲載されているとおり、正面は大きな曲線を描く半流スタイルである。直接制御はデハ1形も同じ。ボールは前後にあり、水雷型通風器8個を取り付けている。定員50人、自重8.5t、最大寸法10147×2540×3861mm、出力35ps×2モーター付きのブリル79E台車は1942（昭和17）年1月27日設計変更認可で「動揺甚シキタメ」改造、軸距2743mm→3658mmとしたほか、サイドフレームを新設した。

　デハ1〜3と同一理由で1947（昭和22）年4月3日譲渡届により、富山地方鉄道高岡軌道線デハ10〜12として売却した。

デハ7〜8（デハ7形）

　この2輌は『日立電鉄50年史』が「水浜電車の発注によるものだが種々の事情から当社に来た」と書く最初のボギー電車である。

　その事情とは、水浜電車が1940（昭和15）年12月16日設計認可により、新造した26〜30のうち、29・30に相当する車輌を譲受けたものである。同時に新造の26〜28（のちの茨城交通水浜線126〜128）とともに鉄

道統計資料では水浜電車の車輌数が前年度25輌から昭和18年度は5輌増加。30輌となっているので、実際に黄門様の城下町を走ったかどうかは別として、当初の車籍が水浜電車にあったことは間違いないであろう。ところが激増する「日製」工員輸送のため緊急に車輌増備の必要に迫られた日立電鉄では、親会社で竣工したばかりの木造電車2輌、すなわち水浜電車29・30を「昭和17年2月16日増備認可された当社の80人乗電動客車五輌が完成後、返還する約束で昭和18年4月6日88,989円50銭を水浜電車株式会社に支払い引取った。然るに当社に増備認可された5輌は2輌の完成に終り残る3輌は製作工程に組入れられず、終戦後増備取消しになり、返還することも不可能となったので両社協議し、譲受渡することとした」旨の日立電鉄側の資料が1949（昭和24）年5月18日付譲受認可書類に添付して運輸省書類のなかにあった。したがって水浜29・30→日立デハ7・8の正式な移籍は戦後ということになる。要目は定員66人、自重14.6t、最大寸法11750×2540×4087mm、ブリル27GE系台車に31.3kW×2モー

ターを付けていた。本来は路面電車として設計された車輌のため直接制御の両運転台に正面は方向幕を持ち、就役当時はもちろんポール式、横揺れが大きく乗務員には嫌われたらしい。

1951（昭和26）年3月27日譲渡届により、デハ7は羽後鉄道（のちの羽後交通雄勝線）へ転出、同社ではデハ4を経てホハフ5として使用された。残るデハ8も集電装置をビューゲルに変更後の1964（昭和39）年12月23日付記号変更届によりデワ8となる。

モハ9・10（モハ9形）

デハ7・8の項に記した1943（昭和18）年5月12日設計認可の80人乗り電車5輌のうちの竣功した2輌である。戦時中の資材不足を反映して「本車輌新造ニ要スル資材ハ全テ日立製作所ニ於テ手持品ヲ充ル」ことを条件に製造が増備認可された日立電鉄最初の半鋼製ボキー電車。初めてのドアエンジン付三扉車でもある。ただし完成は1944（昭和19）年10月で、運転台は両運半室、電動車を示す記号も初めて「モ」となり以後の増備車輌に継承された。1955（昭和30）年7月にそれまでのトロリーボールを他車とともにビューゲルに変更、さらに1961（昭和36）年4月当時の在籍電車の一斉パンタ化に伴い再度集電装置を改めた。1963（昭和38）年4月車体更新時にモハ9は上リ側、モハ10は下リ側に貫通扉を設けた。1971（昭和46）年8月ワンマンカーに改造、モハ10は旧型電車としては最後まで活躍した。

ハ1→ハフ5（ハフ1形）

矢部川～南関間を営業していた九州肥筑鉄道廃止に伴い譲受けた1920（大正9）年1月梅鉢鉄工所製の木造単車。旧番はハ4である。肥筑では、同年9月14日設計認可を得ており開業時の製造であろう。日立へは1940（昭和15）年1月19日設計認可により入線、直後の同年11月21日改造認可で「車内仕切三ケ所、デッキ正面貫通ドアヲ撤去。外面厚サ3.2㎜ノ鉄板張ト為ス（補強ノ為）」工事を実施し定員44人となる。戦後の1948（昭和23）年6月28日認可で手ブレーキを取付け自重5.59t→6.52tに変更、ハフ5と改番した。

その後日立製作所水戸工場へ譲渡されて勝田駅～工場間の職員輸送用に使われた。中川浩一氏が1952（昭和27）年4月10日勝田で現車を実見された際に「車輌締付修理補強改造工事　施工昭和15年4月　東京車輌工業所」の銘板を確認されているから、これが前記改

▲（左）モハ10　1963年の車体更新で、モハ10は下り側が貫通化された。1970.3.21　久慈浜
P：白土貞夫

▲（右）モハ9　車体更新後も片側の前面は晩年まで非貫通のままであった。
1970.3.21　常北太田
P：白土貞夫

◀モハ10　製造は資材難の時期であったが、仕上がりはよかった。旧型電車として最後期まで稼動し、1997年のサヨナラ運転後に引退した。
1957.8.25　鮎川
P：中川浩一

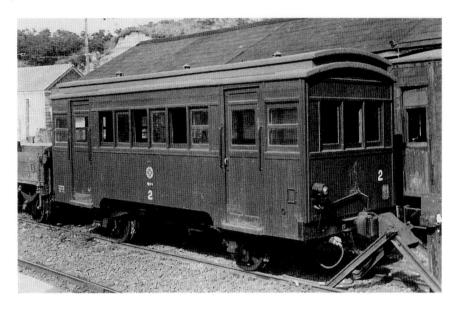

サハ2　二段屋根の単車。『日立電鉄40年史』掲載のハフ3の戦後の状態、26頁上のサハ1とはほぼ同型である。出自は異なるが、改造時期は一致するので、同一仕様で改造したらしい。
1952.4.10　久慈浜
P：中川浩一

造工事を指していると思われる。当時の状況は常北マーク付、検査表記は「23-4久慈浜工」、車体台枠には車歴を示す「ハ1」および「4」の数字が散見されたという。

ハフ1（ハフ1形）

　日中戦争による通勤客激増に対応するため、1940（昭和15）年8月26日設計認可により1897（明治30）年新橋工場製の木造単車を国鉄から払下げた。旧番号はハ4700（形式4681）で『古典ロコ』7号（1940-9）短報欄は常北へ向け岡山操車場通過のレポートを掲載している。1942（昭和17）年8月10日設計変更認可で横座席をロングシートに、開戸式ドアを引戸式にそれぞれ改造した。定員38人、自重6.98ｔ、最大寸法7977×2642×3594mm。晩年の消息は不明だが、1971（昭和46）年調査時に鉄道部職員から「勝田へ2輌行った」旨の証言を得ており、ハフ5とともに日立製作所水戸工場へ転出の可能性もある。

ハフ2・3（ハフ1形）→サハ1・2
ハフ4（ハフ1形）

　戦中期の輸送ピークを迎えて電車増備が困難なため、中古トレーラーを入線させ、輸送力の確保に努めた。そのため国鉄から1942（昭和17）年2月木造単車3輌を譲り受けた。手続は遅れ翌年9月21日付譲受使用認可を得ている。各車輌の概要は下記のとおりだが、いずれも1959（昭和34）年頃まで使用されて廃車解体した。なお、製造年、製造所、国有以前の旧番号は鉄道友の会客車気動車部会作成『二軸客車台帳』によったが、ハフ2は1906（明治39）年オールドベルリー製、

ハフ3は1909（明治42）年盛岡工場製との異説もある。
　ハフ2は旧国鉄ハ1740（形式1005）元山陽鉄道69。英国メトロポリタン製、定員50人、自重6.55t、最大寸法7799×2744×3562mm、軸距3658mm。転入時に側窓10個、側扉5個、横手式座席を8窓、2扉、長手式に改造しているので、それまでは多ドア区分室形の旧態を残していたと考えられる。サハ1への改番時期は不明。
　ハフ3の旧番はハフ2695（形式2661）。前身は鉄道作業局ハブ72、新橋工場製、定員40人、自重6.7t、最大寸法7895×2744×3496mm、軸距3810mm。ハフ2と同様な改造を施して入線している。サハ2への改番時期は不明である。
　ハフ4は旧番ハ2266（形式2260）。元秋田鉄道ハ7、大正7（1918）年天野工場？製の客車。定員40人、最大寸法、？×2537×3353mm。

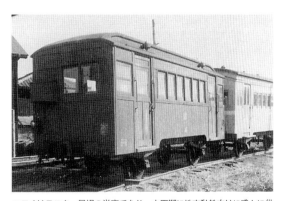

ハフ4はモニター屋根の単車であり、大正期に地方私鉄向けに盛んに供給された客車のスタイルである。
1952.4.10　久慈浜　P：中川浩一

デハ8（ポール時代）　その成り立ちからか、横揺れが大きく、乗務員には嫌われていたというデハ7形。デハ7が譲渡された後に残されたこのデハ8は、1964年には電動貨車デワ8に変更され、1970年まで在籍していた。

1953.12　大甕　P：園田正雄

モハ9　のんびりと田園地帯を行く。常北電気鉄道として開業した大甕〜常北太田間は、海沿いに敷かれた戦後開業の新線区間とは明確に異なる光景が続いている。

1972.9.23　川中子―常陸岡田　P：白土貞夫

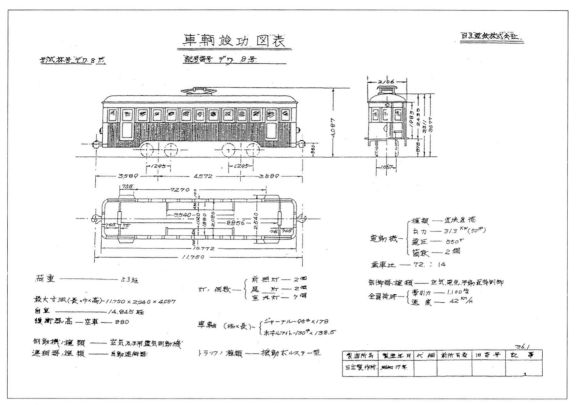

デワ8竣功図　　　　　　　　　　　　　　　　　　　　　　所蔵：白土貞夫

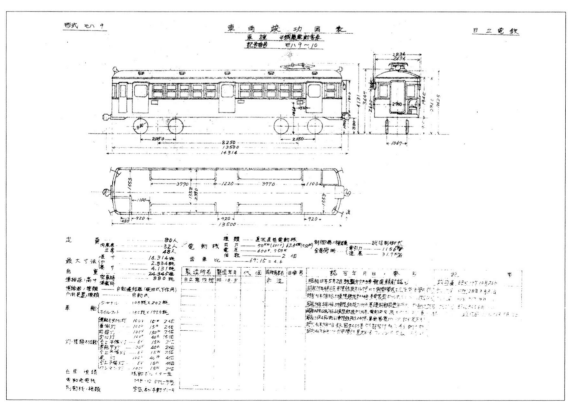

モハ9・10竣功図（ワンマン化後）　　　　　　　　　　　　所蔵：白土貞夫

モハ11＋サハ1 営団地下鉄に存在しなかった200形（1200形ではない）として製造されたといわれる電車。工作は粗末を極め、新製当時は肋骨丸出しの天井であったと言う。
1953.1.9　常北太田　P：吉川文夫

戦後復興期の車輌

　戦後は新線開通に始まり、一時的には乗客減を招いたものの昭和28年度以降は再び上昇に転じた。「日製」の好況を反映して通勤客も激増の一途をたどり、このため新造電車2輌に加え国鉄、相模鉄道から6輌の電車を譲り受け、従来使用の単車を全車放出して戦後の早い時期に体質改善を図りボギー車化を達成。その後も国鉄、小田急、相模，西武の各鉄道から多種多様な車輌を譲り受けて両数増加を図った。しかし機器が相

モハ12 上のモハ11と同じくポール時代の姿で、屋根には雨樋はなく、扉上に水切りが付いているのみ。入線当時は最大の車輌として活躍した。
1952.4.10　久慈浜　P：中川浩一

違するなどして限られた組成しかできず、効率的な車輌運用はできなかった。なお車輌形式番号の追番方式はモハ16で終り、以後は一部の例外を除き、前所有者の旧型式番号をそのまま踏襲したため、不統一て複雑な番号体系となった。そのため本期と次の高度成長期の車輌紹介は入線順に記載してある。

モハ11・12（モハ11形）

　この車輌は、帝都高速度交通営団（現東京地下鉄）1200形の注文流れというのが定説である。しかし車輌不足の著しい時期にそのような事態が起こる筈はなく、事情を調べてみると『営団地下鉄50年史』には「昭和17年に5輌の新車を製作すべく各メーカーへ発注している」旨の記述がある。また営団車輌部設計課長、里田啓氏は『鉄道ピクトリアル』No.342に、「基本的には若干の設計変更があったが、1200形とほぼ同様仕様の200形と呼ばれた5輌が日立製作所に車体・電機品とも2輌分、汽車会社に車体3輌分、三菱電機に電機品3輌分が昭和17年に発注されたと伝えられる。戦後の昭和22年頃三菱の電機品3輌分は営団に納品された。日立笠戸では、車体2輌分が完成していたことは確からしいが、その後の消息は不明」と発表され、営団発注の2輌が出来上っていたことを肯定している。一方

モハ12 モハ11とともに1963年更新時にドア位置を両端に移すなどの大規模な改造を受け、車体の印象はかなり変化した。
1973.5.23 大甕
P：白土貞夫

の日立電鉄側は新線用として「日立製作所あて2輌の新造を発注したが、終戦直後の資材不足で期日までの納入は不可能。たまたま営団地下鉄用車輌が完成間際であったため、このなかから急拠2輌を当社分に振り向け辛うじて開通に間に合った。そのため営団1200形に酷似している。このような経緯から一時期、日立製作所と営団との間に気まづい空気が流れたやに仄聞している」と『日立電鉄50年史』は記述する。同じ社史には新線開通後の「昭和23年7月22日使用開始」の矛盾した記事もあるが、中川浩一氏は「昭和22年製造」の現車プレートを確認されている。これらを総合すると製造メーカーの日立製作所が、完成済車輌を発注者の営団に引渡さず、子会社の日立電鉄向けに強引に振向け、新線開通に間に合わせたように思われる。すなわち、発注後に鉄道側が引取らなかった注文流れではなく、営団側からみれば納車不履行であり、この事が影響したのか、あるいは価格が折り合わなかったのか、日立製作所は以後約9年間営団車輌を受注していない。

それはともかく、戦時規格の酷い仕上りで機能的にもトラブルが続出したらしいが、当時は最大車輌であり、かなり重宝されて活躍した。ポール→ビューゲル→パンタ化は他車に同じ。1971（昭和46）年8月ワンマン化とほぼ同時期に車体更新、窓配置d1D22D22D1dをdD5D5Ddに改造したが、粗製のためか近代化車輌と早期に置換られた。

デハ101（デハ100形）・クハ141（クハ140形）

1947（昭和22）年5月22日譲受使用認可を得て、院電の成れの果ての木造ボギー電車国鉄モハ142・141の払下げを受けてデハ101・クハ141とした。車輌経歴は複雑で、鉄道院ナデ6141→デハ6293→目黒蒲田デハ41→芝浦製作所モハ41→鶴見臨港モハ202→モハ142→国鉄モハ142→日立デハ101、および鉄道院ホデ6123→デハ6123→デハ6273→目黒蒲田デハ35→芝浦製作所モハ35→鶴見臨港モハ201→モハ141→国鉄モハ141→日立クハ141で、後者は日立入線時に電装解除している。ただし両車竣功図上の製造所「明治44年12月新潟鐵工所」は「新橋工場」が正しく、製造年もデハ101は1914（大正3）年の誤りである。また中川浩一氏はデハ101の台枠に旧番を示す「6293」の数字を発見されている。定員92人、自重30.2t（クハ141は22.8）t、最大寸法16040×2700×4136（クハ141は3810）mmである。デハ101は東芝51.2kW×4モーター付45年式台車、クハ141は43年式電車用台車を履いていた。

この時期の日立電鉄の客車総数は17輌。急増する乗客を捌くのに四苦八苦の状態であったため、トレードされたこの2輌は輸送力増強に大きく役立った。最初の制御客車として登場したクハ141は1964（昭和39）年3月5日廃車届。「鉄道新橋　明治四十四」の台枠銘板を持つ車体は暫くの間久慈浜車庫構内で倉庫として使用された。デハ101は不燃化基準抵触のため電動貨車化されて1964（昭和39）年12月23日付でデワ101に改番。大甕駅構内での貨車入換に従事していたが、現存最古の国鉄生え抜きの電車として廃車後に国鉄ヘクハ141の台枠銘板とともに無償で寄贈され、原形復元のうえ鉄道記念物ナデ6141として国鉄大井工場（現JR東日本東京総合車両センター）に保存、工場一般公開日などには展示され人気を呼んでいる。

デワ101 パンタグラフに戻り、電動貨車として余生を送る元デハ101の晩年の光景。仕事もすでに無く、昼寝の状態が続いていた。この2年後には廃車となるが、幸運にもその生い立ちから国鉄に引き取られることなる。　　1970.3.21　大甕　P：白土貞夫

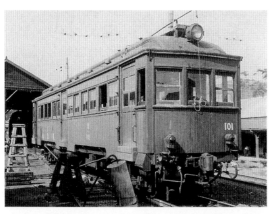

デハ101 最初の4個モーター付きの電車。当時とすれば別格の三桁番号を付番された理由もそのあたりか。収容力も多く、戦後一時期はエース級の存在を誇る。　　1952.4.10　久慈浜　P：中川浩一

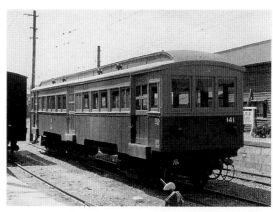

クハ141 原型は既に失われているが、屋根回りや妻面には木造省電の雰囲気を残している。　　1957.8.25　久慈浜　P：中川浩一

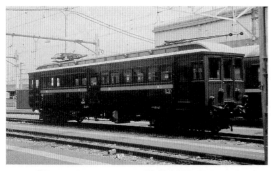

デワ101復元のナデ6141 山手線で活躍の頃の原型（ただし片側に自走用パンタ取付）に復元保存され、鉄道記念物として一般公開日には晴れ姿を見せている。　　2002.8.24　JR東日本大井工場　P：白土貞夫

クハ141の台車 明治生まれの43年式電車用台車を履く。　　1957.8.25　久慈浜　P：中川浩一

モハ14 正面窓の横桟の不揃いは、中央窓が引き窓で、向かって左に引いて開く構造のためである。この電車が後に旧型電車のラストランナーとなった。

1953.1.9 久慈浜—大甕 P：吉川文夫

里川橋梁を行くモハ13 現橋梁は1960年架け替えの上路・下路プレートガーダにコンクリート単T桁の組み合わせ。河原の乳牛に見送られてモハ13が駆け抜ける。

1972.9.23 常北太田—小沢 P：白土貞夫

モハ13＋モハ15 三角電車を
切妻型に改造後の姿。車体側面
裾下の切れ込みや浅い屋根には
手が加わっていない。ワンマン
の主力も朝夕は2連でツーマン
運行。

1973.5.23 大甕
P：白土貞夫

モハ13〜16（モハ13形）

　1935（昭和10）年10月汽車会社支店で、わが国最初
そして民鉄では唯一となった電気式ディーゼル動車と
して生れた神中（現相模）鉄道キハ1001〜1004がその
ルーツ。当時搭載したユンカース製エンジンは出力120
ps、発電機を介して52kW×2,300Vを駆動する方式で、
戦後になって主電動機を生かして電車に改造、デハ
1051〜1054となった。同鉄道が600V→1500V昇圧直
後の1948（昭和23）年6月14日設計認可で日立電鉄へ
譲渡、集電装置をそれまでのパンタグラフからトロリ
ーポールに改めてモハ13〜16として使用開始。『日立電
鉄40年史』には、当時の最高速度55km/hを遙かに越え
る「直線区間で70km/h以上の速度を出し関係者をあわ
てさせ」歯車比を変更して対処したエピソードが紹介
されている。降雨時に正面窓を開放すると真上から雨
水が落ち、ボール操作の車掌は苦労したと思われる非
常にユニークな六角の悌形スタイルの車体は、1965（昭
和40）年12月車体更新によりアット驚く切妻型に改造、

貫通路をモハ13・15が上り側、モハ14・16が下り側に
取り付けたが最後まで両運転台付であった。ワンマン
化改造は1971（昭和46）年8月である。

サハ1101（サハ1100形）

　1936（昭和11）年9月日本車輌で雲仙鉄道カハ22と
してデビュー、ウォーケシャ6MK／50.7kWエンジン
を搭載していた。片ボギー、荷物台の有無などの相違
はあるが駄知キハ23、ロノ津カ4、加悦キハ101と車体
は同系である。翌々年3月同鉄道廃止により篠山鉄道
が譲受け、書類上はレカ103と改番するが現車は旧番
のまま使用したらしい。篠山も1944（昭和19）年3月
廃止で二度も廃線の憂き目を味わい、西武鉄道へ転出
してキハ103→キハ101B→クハ1101と車種、形式番号
を激しく変遷させた後に、1956（昭和31）年12月日立
へ転じようやく安住の鉄路を得た。しかし小型で運転
台もないトレーラーのため使い難かったのか、戦後転
入の半鋼製車輌では最初に淘汰の対象になった。台車

サハ1101 遍歴を重ねたガソ
リンカーのなれの果てだが、偏
心台車を履くのが特異であった。
1957.8.25 鮎川
P：中川浩一

モハ1301　3扉改造後は窓数も変化し、ベンチレーターもグローブ型に変わった。片運転台、ワンマン化以前の状態を示す。
1973.5.23　大甕　P：白土貞夫

はガソリンカー時代から続くアーチバー式、軸距が片側1500mmに対し他方は1150＋750mmの偏心台車であった。

モハ1301・1302（モハ1300形）

　買収国電の経歴を有する車輛は、日立には10輛が在籍したが、この2輛はともに1929（昭和4）年11月東洋車輛製、旧宇部鉄道モハ22・24としてスタートし、国鉄モハ1301・1302となり最後は富山港線に配置され

ていた。モハ1301は同じ宇部出身のクハ5301とともに、モハ1302はやはり旧宇部のクハ5300と一緒に同一認可で譲受けた。モハ1301は当初原形を残す2扉のまま使用されたが、1963（昭和38）年2月3扉に改造。モハ1302は日本車輛支店で3扉化のうえ入線した。この2編成は日立でも引続きペアを組んで走り続けたが、モハ1302はクハ5300とともに比較的早期に廃車。僚車に先立たれたモハ1301は1985（昭和60）年11月両運転台に復活してワンマン改造された。

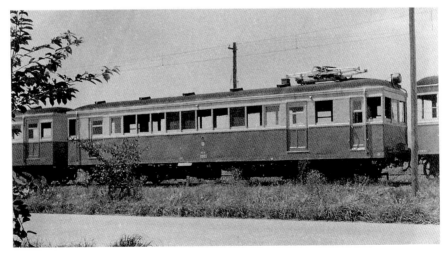

モハ1301（2扉時代）　2扉時代はオリジナルな形状をほぼ保ち続けて、宇部以来のクハ5301と組んで使用された。
1957.8.25　鮎川
P：中川浩一

◀クハ5300 生まれも育ちも
クハ5301とは同一だが、妻面の
僅かなカーブの有無だけが相違
する。 1973.5.23 鮎川
P:白土貞夫

▼クハ5301 妻面がフラット
なのがクハ5300との違い。
1973.5.23 大甕
P:白土貞夫

クハ5300・5301（クハ5300形）

　この2輛も買収国電の一党で最後は富山港線に所属
した。1930（昭和5）年9月汽車会社支店製、宇部鉄
道クハ11・12を振り出しに国鉄クハ5300・5301を経て
日立へは1957（昭和32）年11月6日譲受使用認可でク
ハ5301が先に転入、1959（昭和34）年1月16日譲受使
用認可によりクハ5300が東洋工機で3扉改造のうえ入
線する。原形のガーランド型通風器をグローブ型に変
更されたのは日立入りした後だが改造時期は不明。モ
ハ1301・1302も同様である。前面フラットのクハ5300
は宇部以来の僚車モハ1302と終始行動を共にして生涯

を終わり、やや曲面の前面を有するクハ5301は静岡か
ら来たクモハ351形と交替に姿を消した。

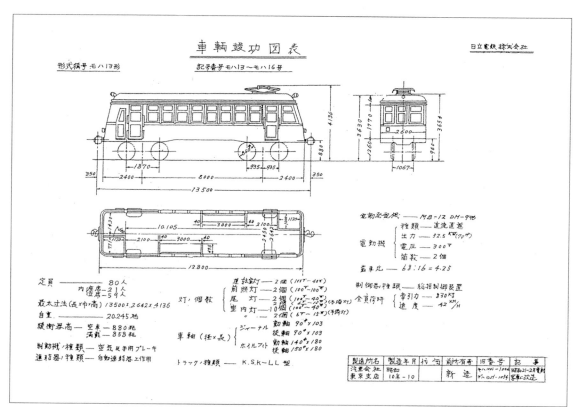

車輛竣功図表

形式稱号 モハ13形　　記号番号 モハ13～モハ16号　　日立電鉄 株式会社

モハ13～16竣功図

所蔵：白土貞夫

32

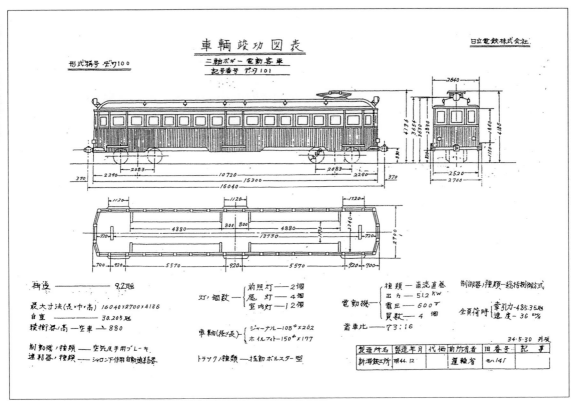

デワ101竣功図（旧番号の欄は誤記と思われる）　　　　　　　　　　　　　所蔵：白土貞夫

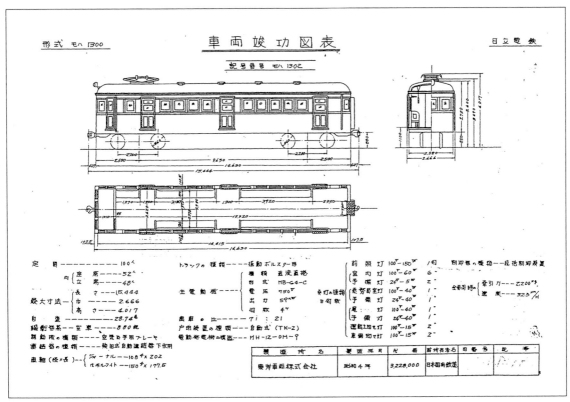

モハ1302竣功図　　　　　　　　　　　　　　　　　　　　　　　　　所蔵：白土貞夫

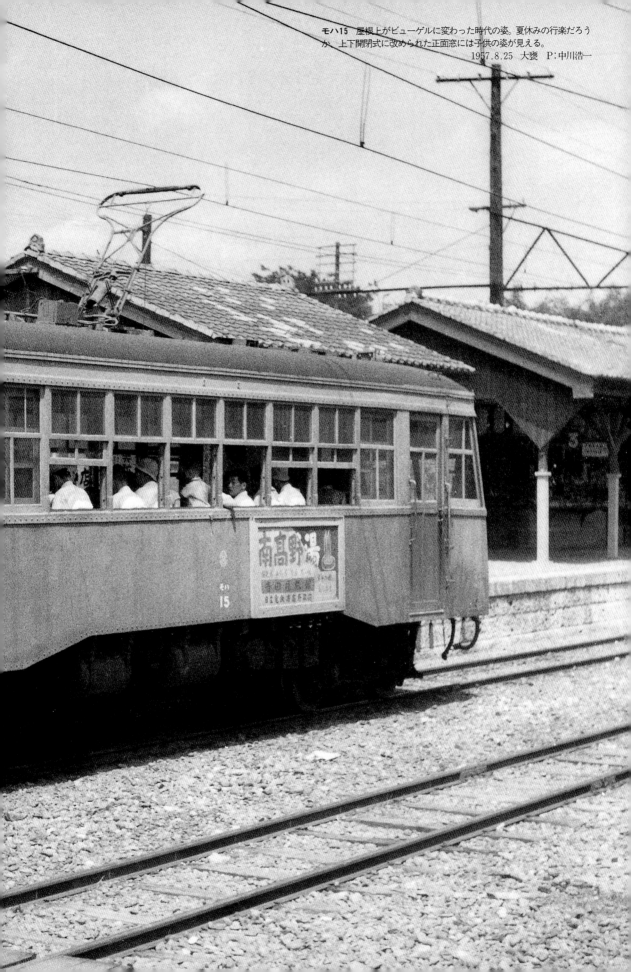

モハ15 屋根上がビューゲルに変わった時代の姿。夏休みの行楽だろうか、上下開閉式に改められた正面窓には子供の姿が見える。
1957.8.25 大瘐 P：中川浩一

モハ1004+モハ1002(Ⅱ)+サハ1501+モハ1005　サハ2801廃車後の朝ラッシュ時の4連で、代わりにモハ1002(Ⅱ)が連結されている。モハ1004、1005は更新時に窓配置を変更のうえ、窓丈を拡大したので、幕板が薄く軽快な印象を与える電車になった。　　1988.10.15　川中子ー大橋　P：根本幸男

高度成長期の車輌

　高度成長時代を迎え「日製」はさらに拡張の一途をたどる。日立市の人口も急増して一日乗客数も昭和35～43年度は15000人を越えたのに対応して、1957(昭和32)年度以降はMcTc単位での車輌増備が大半を占め、引続き国鉄、小田急、相模、弘南鉄道に加え静岡鉄道からも車輌を受け入れたが車種に統一を欠き、一時期は在籍27輌が14形式にも達した。それでも1形式1輌の雑多な形式は1982(昭和57)年度までに淘汰している。ワンマン運転実施以後は日中の単行用と通勤用2～4輌固定編成化が進んだ。

サハ2801　神中時代一緒に働いた同型車モハ13形と日立で再会したが、両車がペアを組むことはなく、サハ2801は一足早く廃車となった。
　　　　　1977.3.21　常北太田　P：吉川文夫

サハ2801（サハ2800形）

　1938(昭和13)年5月汽車会社支店製、デビュー当初は相模鉄道サハ1101として生まれ、キハ1000形とは同一スタイルの付随客車であり中間車として使用されていた。前述のモハ13形と同形の六角悌型スタイルは、1955(昭和30)年5月18日設計変更認可で半流に改められ、車体側面の裾部分切込みのみが往時の名残を最後まで残していた。日立では1960(昭和35)年1月25日譲受認可により使用開始。晩年はモハ1004+サハ2801+サハ1501+モハ1005の4輌編成で全線を1往復するだけの仕業であった。

モハ1001～1003→1004～1006・1007～1009
モハ1001～1003(Ⅱ)（モハ1000形）
サハ1501（サハ1500形）

　この10輌のグループは、小田原急行鉄道（現小田急電鉄）開業時の1927(昭和2)年3月日本車輌が新製したモハ1形がルーツである。日立へは三回に分かれて転入し、先ず1960(昭和35)年8月15日設計認可により旧小田急デハ1102・1104・1109・1103をモハ1001～1003、サハ1501として譲り受け、当初はモハ1001・1002は中間にサハ1501を挟む固定編成、モハ1003は両運で単行に使用したが、1964(昭和39)年1月21日届でモハ1004～1006に改番した。これは、小田急デハ1155～1157が相模鉄道デハ1155～1157→デハ1001～

モハ1006 両運転台、両貫通路付で、ワンマン化改造を受けたモハ1006。他の更新車に比べて窓が小さく、一見別形式のように見える。 1973.5.23 鮎川 P：白土貞夫

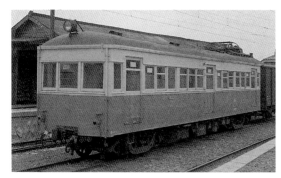

モハ1003（Ⅰ）（→モハ1006） 更新前、入線当時のモハ1000形の姿。非貫通の前面に小さな一段窓という小田急時代のままの出で立ちである。 1960.9 久慈浜 P：園田正雄

サハ1501 小田急当時より実質サハとして使用されたもので、当電鉄での電装解除ではない。側面 I D33D331Dの窓配置を更新時にこのような外観に変更した。 1973.5.23 大甕 P：白土貞夫

1003を経て1964（昭和39）年１月転入し、改番せずにモハ1001～1003（Ⅱ）として使用のため、番号が重複する従来のモハ1001～1003を追番としたのである。

さらに1979（昭和54）年５月に小田急デハ1163～1165→相模モハ1007～1009を譲受けて、やはり同番号のまま使用開始するが、在籍輌数が増加したこの頃から次のようにほぼ固定編成化しての運用が始まり、輌数の揃った本形式は両運転台、更新後は両貫通路付のモハ1006（←1003）を除き編成単位で運行した。両貫通路付だが運転台のない中間電動車の状態で転属してきたモハ1002（Ⅱ）は、クハ2501とモハ1001（Ⅱ）の間に組込まれて運用され、1968（昭和43）年８月車体更新時に両運転台付に改造のモハ1003（Ⅱ）を加えた４輌編成で走る場合もあった。モハ1004・1005（←1001・1002）は片側に貫通路新設し、やはり中間にサハ1501・2801を編成に加えた４輌編成。モハ1007はクハ2503とペアを組み、モハ1008・1009はクハ2504を中間車にした３

モハ1001（Ⅱ） モハ1004などと同じ仕様で更新のため軽快な姿となった。しかし、常時組んだモハ1002（Ⅱ）＋クハ2501とのスタイルの差が甚だしく、編成の美しさは無かった。 1973.5.23 鮎川 P：白土貞夫

輌で組成した。予備に充当のモハ1006（←1003）は1972（昭和47）年４月ワンマンカーに改造された。なお、モハ1007～1009は相模でモニ化していたため、中央ドアは幅広の両開扉であったが、片側を締切って使用した。本形式は輌数も多く、改造個所や更新時期の違いなどから各車毎に細部はかなり相違している。

モハ1003（Ⅱ）＋モハ1002（Ⅱ）＋クハ2501　スタイルは様々なものの、元相鉄車で統一された3連。モハ1001（Ⅱ）と編成を組んでいたモハ1002（Ⅱ）＋クハ2501だが、この日はモハ1003（Ⅱ）の貫通側を先頭にした3連で走る。　　　　　　　　　　　1982.11.29　川中子—大橋　P：根本幸男

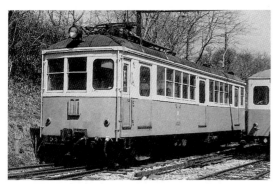

モハ1003（Ⅱ）（常北太田側）　1968年の更新時に両運転台に改造されたモハ1003（Ⅱ）。常北太田方は非貫通のままであった。
　　　　　　　　　1977.3.21　大甕　P：吉川文夫

モハ1002（Ⅱ）　パンタと運転室、乗務員扉を持たず、窓も幅広で、個数も違う。他のモハ1000形とは外観が著しく相違する異端車的な存在。
　　　　　　　　　1973.5.23　鮎川　P：白土貞夫

モハ1007　モハ1007〜1009は荷物電車当時の両開き中央扉のまま就役したが、小田急モハ1形のオリジナルな雰囲気をよく残していた。
　　　　　1991.6.15　久慈浜
　　　　　P：白土貞夫

▲モハ51　弘南時代の荷物室
と片側貫通扉を潰して平凡なス
タイルに改造。
　　　　　1975.7.12　大甕
　　　　　　P：根本幸男

▶モハ2210　新潟鐵工所製の
車体はF3-2D13D2のまま、定
山渓、弘南、日立と引き継がれ
た。これは中央扉増設後の状況。
1976.7.8　大甕　P：根本幸男

モハ51（モハ50形）

　南海鉄道（現南海電気鉄道）が加太電気鉄道から引
継いだ電車デニホ51が、弘南鉄道の黒石全通と電車化
（電化当初は弘前－津軽尾上間を電気機関車けん引）
の際に引き取られたが1500V昇圧で失職、1962（昭和
37）年3月16日設計認可により日立電鉄へ四転した。
1930（昭和5）年8月加藤車輌製。日立の竣功図上の
製造年「大正12年6月」は正しくない。弘南当時は両
運転台付、ほぼ原形を保つ窓配置であったが、入線と
同時に荷物室と上り側運転台を撤去して貫通路を設け
た。またドアも自動化し記号をモハと改めた。日立で
は同時期転入のクハ2502と組み、車体長最小のデハが
最大のクハを牽く情景が見られた。

モハ2210（モハ2210形）

　モハ51とまったく同じ経歴を有し1923（大正12）年
加藤車輌製。当初のデニホ10は加太→南海→弘南と変
わらず、1956（昭和31）年10月24日設計変更認可によ
り弘南鉄道で定山渓鉄道モハ101の車体乗せ換えの際
にモハ2210と改番した。日立電鉄へはモハ51・2230と
同一認可で入線、改番せずに使用した。竣功図上は2
扉、貫通扉なしの弘南当時の形態を残しているが、現
車は両運転台のまま上り側に貫通扉新設、3扉に改造
している。最後は中間にクハ6310を挟んだモハ2230と
の3輌編成を組んだが、雑多な形式は持て余されたの
か、車輌事情が好転すると、この編成は真っ先に淘汰
の対象になった。

モハ2230 日立電鉄では1927年東急車輌製（実際には東急車輌は発足していない）、前所有者の弘南では1955年自社製と称されていた、1928年汽車会社店支店製の電車。　　　　　　　　　　1975.7.12　大甕　P：根本幸男

クハ2501 中間に連結されるため、貫通化改造された元東横キハ1形ガソリンカー。クハ2501・2502の半流化改造は前所有者の相鉄によるものである。　　　　　　　　　　　　　1973.5.23　鮎川　P：白土貞夫

モハ2230（モハ2230形）

　これも弘南鉄道トリオの一員。やはり車歴は複雑で1928（昭和3）年9月汽車会社店支店製。南武鉄道モハ108として誕生し、買収国電メンバーとなるが、国鉄番号を与えられる前に淘汰され、秩父鉄道クハ21を経て名義上クハ30となり、その車体を流用した弘南が、1955（昭和30）年8月1日設計認可を得て別に調達したD—16台車と組合わせ、モハ2230としたものである。日立へは1962（昭和37）年3月19日設計認可により2扉を3扉に改造して入線する。1963（昭和38）年2月さらに自動扉化および下り側へ貫通路を新設した。

クハ2501～2504（クハ2500形）

　クハ2501・2502は旧相模鉄道クハ2502・2504を1961（昭和36）年2月25日および翌年2月27日設計認可により使用開始したもので、入線に際して連結側に貫通路を新設した。車歴は1936（昭和11）年東京横浜電鉄キハ4・7として川崎車輌で新製、当初は流線形スタイルのガソリン動車で機関はKP170形／170psを搭載していた。その後は神中鉄道時代の相模鉄道に譲渡され、キハ4はキハ2に改番後に制御車に改造してクハ1112、キハ7もクハ1114となり、車体も1951（昭和26）年に半流線形に改造している。

クハ2502 流線型ガソリンカー、東横キハ1形の後身だが、側面には往時の面影があった。製造時取り付けていたカウキャッチャーはもちろん失われていた。　　　　　　　　　　　　　　　　　1972.9.23　常北太田　P：白土貞夫

クハ2503　旧型国電再用車体のため、同形式でもクハ2501・2502とは要目も窓配置も大きく変わっている。特に前面に雨樋のないことが印象を左右している。　1991.6.15　久慈浜　P：白土貞夫

　クハ2503・2504も旧相模鉄道クニ2511・2506を譲り受けているが、前述の2輛とは形式は同じでも形態や窓配置、経歴もまったく相違する。クニ2511は1960（昭和35）年に国鉄17m車の台枠、台車を再用して東急車輛で車体更新して生まれた。クニ2506は同スタイルだが1967（昭和42）年に東横車輛電設で新製された。いずれも1975（昭和50）年7月事業用車クニ化されたものを1979（昭和54）年2月に譲り受けている。転入に際しては荷物室の客室改造を行った。

　これら4輛は車体長も17～18mクラスで、定員もクハ2501・2502は116人、クハ2503・2504は120人とこの時期の日立の車輛としては最大のため、通勤時専用に運用されて日中は休むことが多かった。固定編成の相手はクハ2502がモハ51、他の3輛はモハ1000形の項を参照されたい。

クハ6310（クハ6310形）

　宮城電気鉄道が1929（昭和4）年汽車会社支店で製造したテサハ401→クハ401の後身。「テ」は鋼製車輛を意味する。前面フラット、中央窓だけ一段高いスタイルが特徴だが、1954（昭和29）年盛岡工場で更新されてグローブ型ベンチレーター付となる。国鉄買収後も仙石線で活躍し、1961（昭和36）年8月25日設計認可により日立電鉄へ移籍。当初の2扉は1963（昭和38）年2月に自動化のうえ3扉、前後とも貫通路付きに改造している。同時期に転入した弘南モハ2210・2230の中間に組込まれて使用され、廃車も同一日付で行われた。

クハ6310　旧宮城型スタイルを最後までよく残していた車輛だが、編成の中間に組み込まれ、先頭になることはほとんど無かった。　1970.3.21　鮎川　P：白土貞夫

クハ109　静岡鉄道からクモハ110とのペアで譲りうけた固定編成。入線後早々に電装解除したのは、2輌で8個モーターでは過大なためであろう。
1983.3.6　鮎川　P：中川浩一

クモハ110　静岡鉄道からの転入車。両開き3扉はラッシュ時に威力を発揮したが、車種統一の影響で就役期間は長くは無かった。
1991.6.15　常北太田　P：白土貞夫

クモハ109→クハ109（クハ100形）
クモハ110（クモハ100形）

　足回リは旧型車流用の釣掛式だが、車体は1965（昭和40）年8月静岡鉄道長沼工場の新製である。同鉄道ではMcTc固定編成で使用され、両車とも裾を絞った車体に両開3扉、前面非貫通で方向幕を付け、窓下に2個のヘッドライトを配した静鉄スタイルともいうべき独特な表情を見せ、地方私鉄のオリジナル車輌としては、意欲的な電車であった。製造当初は前後貫通扉付きであったが、前面はその後潰されて、顔付きもかなり変化を生じた。

　1979（昭和54）年12月に転入し日立電鉄最初の全鋼製車輌となったが、性能および制御方式がクモハ351・352以外の他車とは相違するため、この2輌以外の組合

わせて走行することはなかった。クモハ109は1981（昭和56）年8月に電装解除してクハ化、自重28.0t→24.3tと軽くなっている。

クモハ351・352（クモハ350形）

　ルーツをさかのぼればこの2輌も買収国電、鶴見臨港鉄道モハ18・19にたどりつくが、下回リを流用して1968（昭和43）年10月静岡鉄道長沼工場が全鋼体化したもので、クモハ109・110に準じた静鉄スタイルの電車、同工場が新造した電車18輌の最後の製品である。車体に丸味はあるが絞ってはない。静岡鉄道ではクモハ351・352を名乗リ、やはリMcTc固定編成で活躍、1984（昭和59）年10月日立へ転入後も旧番号のままペアで走り続けた。

クモハ351＋クモハ352　静岡鉄道による自社製車体を持つ電車のうち、最後の作品となったもの。日立では旧番号のまま活躍したが、351はTc扱いのためパンタを下げていた。
1988.10.15　川中子－大橋　P：根本幸男

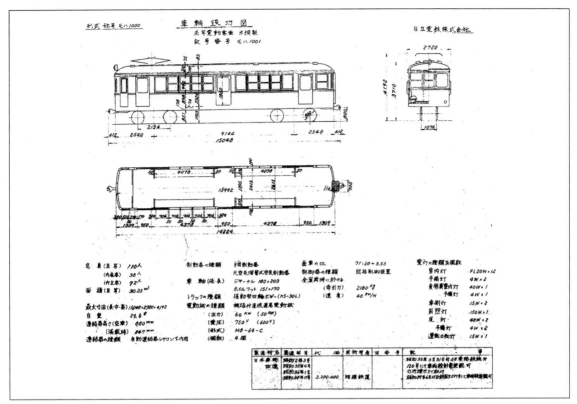

モハ1001(Ⅱ)竣功図   所蔵：白土貞夫

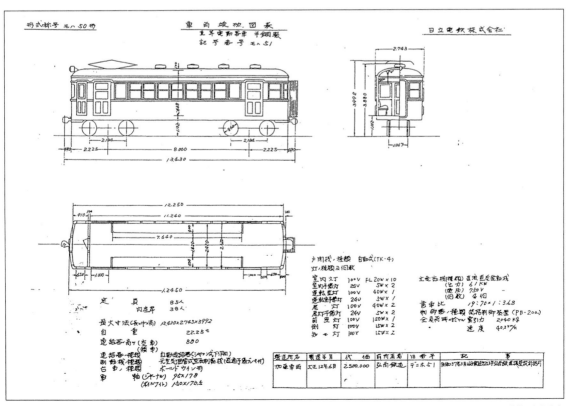

モハ51竣功図   所蔵：白土貞夫

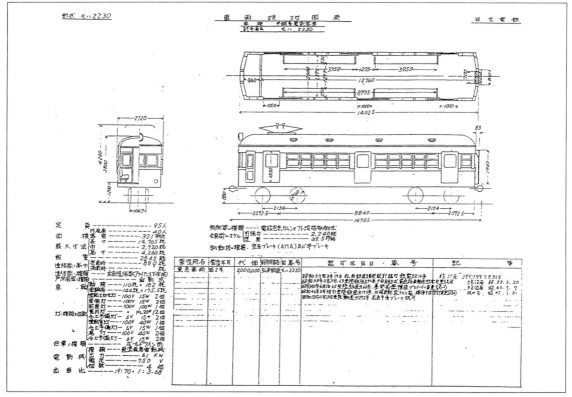

モハ2230竣功図　　　　　　　　　　　　　　　　　　　　　所蔵：白土貞夫

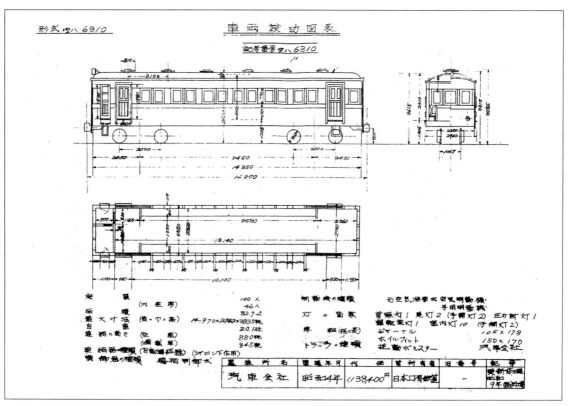

クハ6310竣功図　　　　　　　　　　　　　　　　　　　　　所蔵：白土貞夫

44

近代化車輛への置換

1991（平成3）〜1997（平成9）年に帝都高速度交通営団（現東京地下鉄）銀座線用2000系に、日比谷線用3000系の足回リを流用、パンタグラフを備えた電車24輌を投入し3形式に統一、それまでの旧型電車をすべて置き換えた。

このグループはモハ、クハ等の形式称号は付されていない。製造年、製造所、旧番号、入線時期などは諸元表にまとめてある。モータリゼーションの進展と長期的な不況による「日製」の縮小などで旅客数が減少傾向の近年は休車が続出している。

2001〜2010（2000形）

いずれも1991（平成3）〜1994（平成6）年に入線した片運転台式の制御電動車、両貫通路付の車体は2200・3000形とほぼ同一の2000形だが、性能的にはMc1形とMc2形に大別される。Mc1形は主制御器のみを有し、2200形と組まないと走行できない。自力走行可能なMc2形は2005・2008・2009が該当し、電動発電機（MG）空気圧縮機（CP）を搭載して主に3輌編成時の増結用として使用された。2008+2009は2004（平成16）年現在ビア電、呑電などのイベント用に整備され、車内にカウンター、テーブルなどを設置、一般運用には入らない。

2211〜2217（2200形）

1991（平成3）〜1994（平成6）年入線の片運転台式の制御車である。MG・CPを装備しており、通常はMc1形と編成を組む。そのためほぼ固定編成となっており、2000（平成12）年8月1日現在では下記のような編成を組んでいた。2000形を含み運転台は奇数車が上り側、偶数車は下り側である。上り←2211+2002、2213+2004、2215+2006、2217+2010、2001+2212、2003+2214、2007+2216、当初は2000形とともに非ワンマン仕様で運行したが、現在は全車ワンマン化改造している。

3021〜3027（3000形）

単行運転用の両運転台式制御電動車で、当初からワンマン対応の車輌である。1992（平成4）〜1997（平成9）年に入線したが2002（平成14）年12月からの終日2輌編成化に伴い、この形式は休車が増加し、現在稼働しているのは、平成15（2003）年2月にクリームとオレンジの旧型電車カラーに塗替えられた3023+3025のみである。

2007　2000形のMc1形で、機器の関係から原則として2200形制御車とペアで運転される。　　　　　2004.5.26　大甕　P：白土貞夫

2008+2009（イベント車輌）　夏はビア電、冬は呑電として走る居酒屋電車。車内には赤提灯やカラオケまで備え付けている。共にMc2形で、MG・CPを搭載。　　　　　2004.5.26　大甕　P：白土貞夫

2214　2000形とペアで使用される制御車で、MG・CPを搭載している。
　　　　　2004.3.9　大甕　P：白土貞夫

3023+3025　両運転台車で、使用開始の頃はもっぱら単行で使用されたが、2003年にこの2輌が旧型車の塗色になり、固定編成化された。
　　　　　2004.3.9　南高野　P：白土貞夫

電動貨車・貨車

　貨物列車は大甕―常北太田全通の頃は最大20本を設定した時期があるが、以後は1960（昭和35）年頃まで8〜10本のスジが続く。しかし沿線貨物は久慈浜出荷の鮮魚類、川中子の石材くらいで、1日貨物輸送量も最大ピークの昭和20年度前期が166t程度だから、ダイヤ上設定されていても実際の運行回数は少なかったと思われる。貨車受渡しは大甕駅で行われていた。1974（昭和49）年12月31日限り貨物営業を廃止した。

デワ1（デワ1形）

　開業時に他の電車、貨車と同一認可で使用開始した直接制御の木造電動貨車。1928（昭和3）年11月新潟鐵工所製、当初の単ポール式はビューゲル、パンタグラフと三転している。荷重8.0t、自重11.10t、最大寸法6718×2576×3496mm、台車は軸距2592mmのブリル21E系、廃車届は1964（昭和39）年3月5日付。

デワ2（デワ2形）

　1929（昭和4）年10月21日設計認可で増備した木造電動貨車。もちろん直接制御、新潟鐵工所製の記録も

あるが製造関係用箋に「汽車会社東京支店」の名が印刷してあり、メーカーが同社であることは明らかである。前面窓がかなり低位置にありユニークな表情をしていた。集電装置はデワ1と同様に変化した。荷重10t、自重9.0t、最大寸法8688×2680×3980mm、ブリル21E系台車を履き軸距は3350mm、1969（昭和44）年1月30日廃車届提出。

デワ8（デワ8形）・101（デワ100形）

　前述のデハ8・101の後身であり、デワ8の荷重5.3t、デワ101のそれは9.2tである。貨物列車用というよりは大甕駅に常駐して国鉄受渡貨車の入れ換えに使われ、それぞれ1970（昭和45）年2月10日および1972（昭和47）年3月14日廃車届提出。デワ101のその後はデハ101の項を参照のこと。

ワブ1・2→ワフ1・2（ワフ1形）

　1928（昭和3）年12月新潟鐵工所製の木造有蓋貨車、車端に車掌室を設けている。荷重10t、自重7.7t、最大寸法7080×2530×3410mm、軸距3246mm、廃車はワフ2が1969（昭和44）年1月30日だが、ワフ1はそれ以前ということしか分からない。

デワ1　電動貨車2輌、貨車5輌を全通時までに揃えたのは、沿線からの出荷量を過大に見積もった結果であろう。単ポール当時の姿。
1952.4.10　大甕　P：中川浩一

46

デワ2　デワⅠよりも一回り大きいのに、自重は逆に2トンも軽くなっている。そのためか車内に砂箱を備え付けていた。運転台窓が低く、非常に個性的なスタイルで人気が高かった。
1952.4.10　久慈浜
P：中川浩一

フト1～3→ト1～3（ト1形）

　1928（昭和3）年12月新潟鐵工所製の木造無蓋貨車、荷重10t、自重5.8t、最大寸法6298×2417×2023mm、軸距3660mm、1969（昭和44）年10月3日廃車、開業当時に新造されたものでワブ2輌を含む5輌が戦前までの貨車（電動貨車を除く）のすべてであった。フト1→ト1の称号変更（手ブレーキ撤去か？）は1942（昭和17）年8月15日付である。

ワフ300（ワフ300形）

　車端に乗務員ドアがあり、妻面にも3窓が付いているが、車内にはとくに車掌室の仕切りがない木造有蓋貨車。推測だが時期的に客車代用として使われたかも知れない。1945（昭和20）年6月24日譲受認可され旧番号が国鉄ワフ300という以外、製造所、製造年は不明。荷重6t、自重7.0t、最大寸法5650×2500×3300mm、軸距2730mm。

セ2ほか19輌（セ50形、セフ20形）

　1947（昭和22）年12月19日譲受使用認可を得たセ50形、セフ20形石炭車20輌が存在した。いずれも国鉄門司鉄道局管内で使用していた。セ50形は荷重10t、自重6.4t、最大寸法6090×2010×2785mm、セフ20形は手ブレーキ付、荷重6.65t、自重8t、最大寸法6520×2508×3135mmである以外詳細不明。日立製作所勝田工場へセ2・3・101・113・139・202・317・342・418・453・514・544の12輌を売却する際の1950（昭和25）年5月20日付譲渡届によれば「大戦中貨物輸送増強の為国鉄

より御払下いただいたものですが、譲受認可前に終戦となりこの車輌が必要なくなり現在迄長期休車」の記載がある。資材不足の時節柄入手可能なものは何でも確保してしまった感が深い。さらに同年8月25日にセフ97～99・101、翌年6月21日セ504の廃車届を提出するが、残余のセ100・190・333・501・533の処分状況は不明である。

トム5010（トム5000形）

　1920（大正9）年日本車輌製の側面に観音開扉を持つ木造無蓋貨車、荷重15t、自重7.75t、最大寸法7029×2500×2400mm、軸距3962mm、旧国鉄トム8025で1947（昭和22）年10月払下げ、1963（昭和38）年11月21日廃車。番号は旧番でもなく由来はよくわからない。

ワフ2　開業時の車輌としては最後まで在籍したが、晩年は仕事は全く無かった。車掌室から突出した手ブレーキボックスが古典味豊かである。
1973.5.23　久慈浜　P：白土貞夫

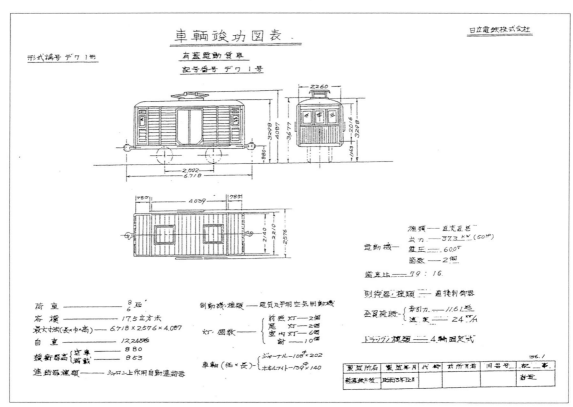

車輌竣功図表

日立電鉄株式会社

形式揮号 デワ1形

有蓋電動貨車
記号番号 デワ1号

荷　重 ──────── 8屯
　　　　　　　　　6
容　積 ──────── 17.5立方米
最大寸法(長×巾×高) ── 6718×2576×4,087
自　重 ──────── 12,245瓩
緩衝器高{空車 ── 880
　　　　荷重 ── 853
連結器種類 ──── シャロン上作用自動連結器

制動機ノ種類 ── 足気及手用空気制動機
灯ノ個数 ── {前照灯 ── 2個
　　　　　尾　灯 ── 2個
　　　　　室内灯 ── 6個
　　　　　計 ── 10個
車軸(径×長) ── {ジャーナル─108φ×202
　　　　　　　ホイルブヒート─139φ×140

種類 ── 直流直巻
出力 ── 373KW (50ψ)
電動機 ── {電圧 ── 600V
　　　　　　個数 ── 2個
歯車比 ── 79:16

制御器ノ種類 ── 直接制御器
全負荷時 ── {牽引力 ── 1161瓩
　　　　　速度 ── 24粁/H

トラックン種類 ── 4軸固定式

デワ1竣功図

所蔵:白土貞夫

ト21（ト20形）

1937 (昭和12) 年8月梅鉢車輌製、荷重10t、自重6.34t、最大寸法6406×2590×1930mm、軸距3000mmの鋼製無蓋貨車。旧国鉄ト2000形だが旧番号および転入時期、除籍年月日はともに不明。

トム1001（トム1000形）

1969 (昭和44) 年10月14日譲受使用認可を得て使用開始した鋼製無蓋貨車、旧西武鉄道トム1209が前身である。1962 (昭和37) 年西武所沢工場製、荷重15t、自重7.5t、最大寸法7930×2430×2206mm、除籍後の動向はトラ101に同じ。

トラ101（トラ100形）

旧東武鉄道トラ107を1985 (昭和60) 年2月に譲受けた。1966 (昭和41) 年東武鉄道杉戸工場製の木造無蓋貨車である。

1985 (昭和60) 年2月28日廃車後も事業用車としてト1001とともに久慈浜駅に留置されている。荷重17t、自重8.7t、最大寸法8010×2742×2370mm。

ト21　元国鉄ト2000形で、事業用である。大きな水タンクを積んでいるのは、真夏のレール冷却用。従って残りの半年以上は寝て暮らす。
1973.5.23　大甕　P:白土貞夫

トム1001　西武所沢工場製の無蓋車。1999年までは夏冬2回、放置自転車集積のため、白昼堂々と本線上に出動した。
2004.5.26　久慈浜　P:白土貞夫

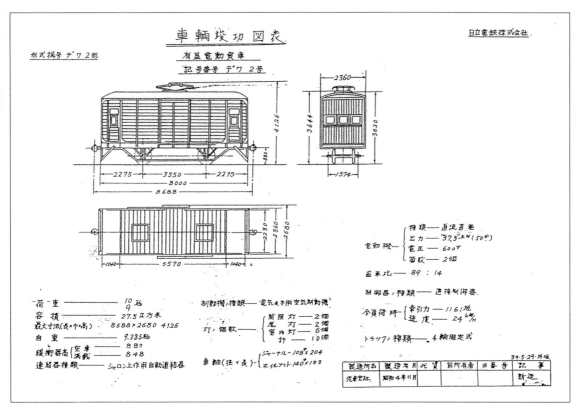

デワ2竣功図 　　　　　　　　　　　　　　　　　　　所蔵：白土貞夫

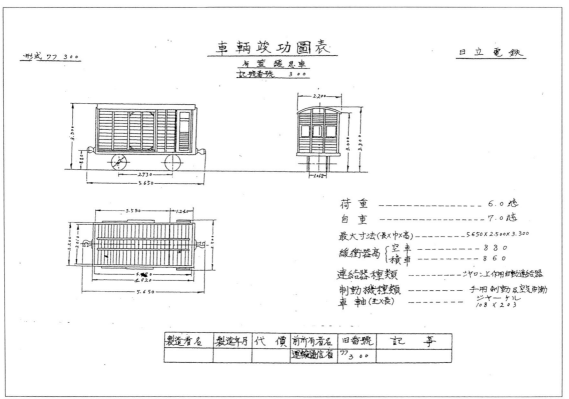

ワフ300竣功図 　　　　　　　　　　　　　　　　　　所蔵：白土貞夫

車輌諸元表（旧在籍車輌）

形式	番号	定員	最大寸法 (mm) 長	幅	高	自重	台車形式	駆動方式	制御装置	制動装置	戸閉装置	主電動機 形式	出力×個数	製造年	製造者	前所有者	譲受年月	廃車年月日
モハ9	9	80	14,314	2,834	4,131	24.3	HI	ツリカケ	PB-200	AMM	TK-4	HS-253	50kW×2	昭18.5.	日立製作所	（新造）	－	平6.12.15
	10	80	14,314	2,834	4,131	24.3	HI	ツリカケ	PB-200	AMM	TK-4	HS-253	50kW×2	昭18.5.	日立製作所	（新造）	－	平9.4.30
モハ11	11	120	16,314	2,750	4,087	27.1	HI	ツリカケ	PB-200	AMM	TK-4	HS-253	50kW×2	昭23.7.	日立製作所	（新造）	－	平6.4.15
	12	120	16,314	2,750	4,087	27.1	HI	ツリカケ	PB-200	AMM	TK-4	HS-253	50kW×2	昭23.7.	日立製作所	（新造）	－	平5.11.30
モハ13	13	80	13,500	2,800	4,136	20.2	KS-30L	ツリカケ	CS-5	AMM	TK-4	TDK-583	52.5kW×2	昭10.10.	汽車会社	相模鉄道	昭23.5.	平5.7.31
	14	80	13,500	2,800	4,136	20.2	KS-30L	ツリカケ	CS-5	AMM	TK-4	TDK-583	52.5kW×2	昭10.10.	汽車会社	相模鉄道	昭23.5.	平9.4.30
	15	80	13,500	2,800	4,136	20.2	KS-30L	ツリカケ	CS-5	AMM	TK-4	TDK-583	52.5kW×2	昭10.10.	汽車会社	相模鉄道	昭23.5.	平7.5.31
	16	80	13,500	2,800	4,136	20.2	KS-30L	ツリカケ	CS-5	AMM	TK-4	TDK-583	52.5kW×2	昭10.10.	汽車会社	相模鉄道	昭23.5.	平8.11.15
モハ1300	1301	100	15,444	2,780	4,017	28.7	BLW	ツリカケ	RPC-101	AMA	TK-4	MB-64C	59.8kW×4	昭4.11.	東洋車輌	国鉄	昭32.11.	平3.12.18
	1302	100	15,444	2,780	4,017	28.7	BLW	ツリカケ	RPC-101	AMA	TK-4	MB-64C	59.8kW×4	昭4.11.	東洋車輌	国鉄	昭34.1.	昭54.5.22
モハ50	51	85	13,430	2,743	3,992	22.2	BW	ツリカケ	PB-200	AMA	TK-4	直流直巻	61kW×4	昭5.8	加藤車輌	弘南鉄道	昭37.3.	昭54.5.31
モハ2210	2210	95	15,590	2,720	4,240	28.0	BW	ツリカケ	PB-200	AMA	TK-4	直流直巻	61kW×4	大12.6.	加藤車輌	弘南鉄道	昭37.3.	昭54.5.22
モハ2230	2230	95	14,705	2,720	4,260	28.4	BW	ツリカケ	PB-200	AMA	TK-4	SE-119	61kW×4	昭3.9.	汽車会社	弘南鉄道	昭37.3.	昭54.5.22
モハ1000	1001（II）	110	15,048	2,720	4,192	29.6	B-10-II	ツリカケ	HL-272-G-8	AMM	TK-4	MB-64	60kW×4	昭2.3.	日本車輌	相模鉄道	昭38.11	平4.7.31
	1002（II）	110	15,048	2,720	3,710	29.6	B-10-II	ツリカケ	HL-272-G-8	AMM	TK-4	MB-64	60kW×4	昭2.3.	日本車輌	相模鉄道	昭38.11	平4.7.31
	1003（II）	108	15,048	2,720	4,192	29.6	B-10-II	ツリカケ	HL-272-G-8	AMM	TK-4	MB-64	60kW×4	昭2.3.	日本車輌	相模鉄道	昭38.11	平5.4.30
	1004	100	15,048	2,720	4,192	29.7	KS-30L	ツリカケ	HL-272-G-8	AMM	TK-4	MB-64	59.8kW×4	昭2.3.	日本車輌	小田急電鉄	昭35.8.	平4.11.10
	1005	100	15,048	2,720	4,192	29.7	KS-30L	ツリカケ	HL-272-G-8	AMM	TK-4	MB-64	59.8kW×4	昭2.3.	日本車輌	小田急電鉄	昭35.8.	平4.11.10
	1006	100	15,048	2,815	4,192	29.6	KS-30L	ツリカケ	HL-272-G-8	AMM	TK-4	MB-64	59.8kW×4	昭2.3.	日本車輌	小田急電鉄	昭35.8.	平5.4.30
	1007	110	15,048	2,720	4,192	29.1	KNM-16	ツリカケ	HL-272-G-8	AMA	TK-4	MT-4	85kW×4	昭2.3.	日本車輌	相模鉄道	昭54.4.	平3.12.6
	1008	110	15,048	2,720	4,192	29.6	KNM-16	ツリカケ	HL-272-G-8	AMA	TK-4	MT-4	85kW×4	昭2.3.	日本車輌	相模鉄道	昭54.4.	平3.12.18
	1009	110	15,048	2,720	4,192	29.1	IKNM-16	ツリカケ	HL-272-G-8	AMA	TK-4	MT-4	85kW×4	昭2.3.	日本車輌	相模鉄道	昭54.4.	平3.11.25
クモハ100	110	140	17,840	2,740	4,230	27.9	Brill27	ツリカケ	AP-M463-801A	SME	DP-40D	TDK31SN	63kW×4	昭41.4.	静岡鉄道	静岡鉄道	昭54.11.	昭54.4.30
クモハ350	351	138	17,840	2,740	4,127	31.0	KS-33L	ツリカケ	AP-M463-584A	SME	DP-40	TDK31SN	63kW×4	昭43.10.	静岡鉄道	静岡鉄道	昭59.10.	平6.4.15
	352	140	17,840	2,740	4,127	31.0	KS-33L	ツリカケ	AP-M463-584A	SME	DP-40	TDK31SN	63kW×4	昭43.10.	静岡鉄道	静岡鉄道	昭59.10.	平6.4.15
クハ5300	5300	92	15,414	2,735	3,690	25.4	BW	－	－	ACA	TK-2	－	－	昭5.9.	汽車会社	国鉄	昭32.11.	昭54.5.22
	5301	92	15,414	2,735	3,690	25.4	BW	－	－	ACA	TK-2	－	－	昭5.9.	汽車会社	国鉄	昭34.1.	昭60.2.28
クハ6310	6310	100	14,970	2,740	3,885	20.1	Brill派	－	－	AMA	自動式	－	－	昭2.7.	汽車会社	国鉄	昭36.8.	昭54.5.22
クハ2500	2501	116	17,720	2,700	3,820	21.5	TR29	－	－	ACM	TK-4	－	－	昭11.5.	川崎車輌	相模鉄道	昭36.2.	平4.7.31
	2502	116	17,720	2,700	3,820	21.5	TR29	－	－	ACA	TK-4	－	－	昭11.5.	川崎車輌	相模鉄道	昭37.2.	昭57.5.31
	2503	120	17,000	2,865	3,870	29.4	DT-10	－	－	ACMR	TK-4	－	－	昭11.5.	川崎車輌	相模鉄道	昭54.4.	平3.12.6
	2504	120	17,000	2,865	3,870	29.4	DT-10	－	－	ACMR	TK-4	－	－	昭35.8.	東急車輌	相模鉄道	昭54.4.	平3.11.25
クハ100	109	140	17,840	2,740	3,815	24.3	BLW	－	－	SCE	DP-40D	－	－	昭41.4.	静岡鉄道	静岡鉄道	昭54.11.	平5.7.31
サハ1100	1101	60	9,800	2,570	3,534	10.0	アーチバー	－	－	ATM	手動式	－	－	昭11.9.	静岡鉄道	西武鉄道	昭31.11.	昭48.6.4
サハ2800	2801	94	13,500	2,726	3,630	15.0	KSK-LL	－	－	ATM	自動式	－	－	昭13.5.	汽車会社	相模鉄道	昭35.11.	昭60.2.28
サハ1500	1501	100	15,048	2,720	3,785	24.7	KS-30L	－	－	ATM	自動式	－	－	昭2.3.	日本車輌	小田急電鉄	昭34.10.	平4.11.10

資料：日立電鉄（ただし明らかに誤りと認められる部分は補正してある）

車輌諸元表（現有車輌）

形式	番号	定員	最大寸法(mm) 長	幅	高	自重	台車形式	駆動方式	制御装置	制動装置	戸閉機械	主電動機 形式	出力×個数	製造年月	製造者	前所有者	譲受年月	備考
3000	3021	98	16,000	2,700	4,100	30.2	FS-510	WN	ABF-74-6AA	HSC	T3	MB-3054-A	75kW×4	昭36.12.	日立製作所	営団	平4.11.	旧番 母体：2086*2085
	3022	98	16,000	2,700	4,100	30.2	FS-510	WN	ABF-74-6AA	HSC	T3	MB-3054-A	75kW×4	昭37.10.	日立製作所	営団	平5.7.	旧番 母体：2122*2121
	3023	98	16,000	2,700	4,100	30.2	FS-510	WN	ABF-74-6AA	HSC	T3	MB-3054-A	75kW×4	昭37.10.	近畿車輛	営団	平5.7.	旧番 母体：2120*2119
	3024	98	16,000	2,700	4,100	30.2	FS-510	WN	ABF-74-6AA	HSC	T3	MB-3054-A	75kW×4	昭37.8.	日本車輌	営団	平5.11.	旧番 母体：2098*2097
	3025	98	16,000	2,700	4,100	30.2	FS-510	WN	ABF-74-6AA	HSC	T3	MB-3054-A	75kW×4	昭37.8.	日本車輌	営団	平7.4.	旧番 母体：2096*2095
	3026	98	16,000	2,700	4,100	30.2	FS-510	WN	ABF-74-6AA	HSC	T3	MB-3054-A	75kW×4	昭36.11.	帝国車輌	営団	平8.4.	旧番 母体：2076*2071
2000	2001	100	16,000	2,700	4,100	29.5	FS-510	WN	ABF-74-6AA	HSC	T3	MB-3054-A	75kW×4	昭36.4.	帝国車輌	営団	平3.12.	旧番2067
	2002	100	16,000	2,700	4,100	29.5	FS-510	WN	ABF-74-6AA	HSC	T3	MB-3054-A	75kW×4	昭37.1.	帝国車輌	営団	平3.10.	旧番2080
	2003	100	16,000	2,700	4,100	29.5	FS-510	WN	ABF-74-6AA	HSC	T3	MB-3054-A	75kW×4	昭36.10.	帝国車輌	営団	平3.11.	旧番2069
	2004	100	16,000	2,700	4,100	29.5	FS-510	WN	ABF-74-6AA	HSC	T3	MB-3054-A	75kW×4	昭36.4.	川崎車輌	営団	平4.7.	旧番2066
	2005	100	16,000	2,700	4,100	29.5	FS-510	WN	ABF-74-6AA	HSC	T3	MB-3054-A	75kW×4	昭37.1.	富士電工	営団	平4.7.	旧番2087
	2006	100	16,000	2,700	4,100	29.5	FS-510	WN	ABF-74-6AA	HSC	T3	MB-3054-A	75kW×4	昭37.10.	近畿車輌	営団	平4.11.	旧番2118
	2007	100	16,000	2,700	4,100	29.5	FS-510	WN	ABF-74-6AA	HSC	T3	MB-3054-A	75kW×4	昭36.12.	日立製作所	営団	平5.4.	旧番2083
	2008	100	16,000	2,700	4,100	29.5	FS-510	WN	ABF-74-6AA	HSC	T3	MB-3054-A	75kW×4	昭38.10.	富士重工	営団	平6.4.	旧番2130
	2009	100	16,000	2,700	4,100	29.5	FS-510	WN	ABF-74-6AA	HSC	T3	MB-3054-A	75kW×4	昭36.4.	川崎車輌	営団	平6.4.	旧番2063
	2010	100	16,000	2,700	4,100	29.5	FS-510	WN	ABF-74-6AA	HSC	T3	MB-3054-A	75kW×4	昭36.12.	日立製作所	営団	平6.4.	旧番2084
2200	2211	100	16,000	2,700	3,595	25.0	FS-510	—	—	HSC	T3	—	—	昭37.1.	帝国車輌	営団	平3.10.	旧番2079
	2212	100	16,000	2,700	3,595	25.0	FS-510	—	—	HSC	T3	—	—	昭35.11.	帝国車輌	営団	平3.12.	旧番2050
	2213	100	16,000	2,700	3,595	25.0	FS-510	—	—	HSC	T3	—	—	昭36.12.	日立製作所	営団	平4.7.	旧番2081
	2214	100	16,000	2,700	3,595	25.0	FS-510	—	—	HSC	T3	—	—	昭36.4.	帝国車輌	営団	平3.11.	旧番2068
	2215	100	16,000	2,700	3,595	25.0	FS-510	—	—	HSC	T3	—	—	昭37.10.	近畿車輌	営団	平4.7.	旧番2117
	2216	100	16,000	2,700	3,595	25.0	FS-510	—	—	HSC	T3	—	—	昭37.1.	富士重工	営団	平5.4.	旧番2088
	2217	100	16,000	2,700	3,595	25.0	FS-510	—	—	HSC	T3	—	—	昭36.4.	川崎車輌	営団	平6.12.	旧番2065

資料：日立電鉄 (ただし明らかに誤りと認められる部分は補正してある)

日立電鉄線路配置図 (2004年5月現在) 数値は駅間営業キロ程

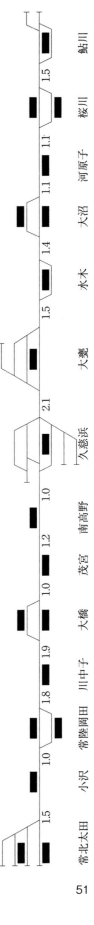

常北太田 ― 1.5 ― 小沢 ― 1.0 ― 常陸岡田 ― 1.8 ― 川中子 ― 1.9 ― 大橋 ― 1.0 ― 茂宮 ― 1.2 ― 南高野 ― 1.0 ― 久慈浜 ― 2.1 ― 大甕 ― 1.5 ― 水木 ― 1.4 ― 大沼 ― 1.1 ― 河原子 ― 1.1 ― 桜川 ― 1.5 ― 鮎川

あとがき

　日立電鉄は、2003（平成15）12月に開業75年を迎えた。現在はどれも同じスタイルのホワイトとグレーのストライプを配した真紅の電車が走るが、『Rail Magazine』誌などに紹介記事が多く存在するため、現有車輌はなるべく簡略な記述にとどめてある。

　一昔半前までは旧型電車が全盛。朝の大甕駅ホームに立てばオレンジとクリームのツートンカラーの電車が次々と発着していた。その車輌を詳細に見れば、同一形式でも1輌ごとにどこかが違うスタイルは地方私鉄ファンには、たまらなく魅力があった。

　しかも、車輌経歴は複雑で、その探求は大きな楽しみでもあったけれど、40年近くも前に私がこの鉄道に興味を持ち始めた頃は、今日のように書店へ行けば、容易に車輌データーが判明する時代ではなく、一般に公文書を広く公開する公文書館も存在しなかった。そのため大甕駅構内の西側に、まだ木造の建物であった鉄道部事務所へ伺って竣功図をコピーさせて頂いたり、書類を拝見したりした。情報公開制度はなかったが、運輸省では認可書類閲覧の便宜を図って貰ったりもした。本文中の車輌関係記述のなかに、認可や届出年月日の記載が比較的多いのはそのためで、昔は一般的な傾向として認可届出以前に車輌製造、譲受渡、改造、

廃車が実施される場合が多く、現実の月日と相違する場合があるのは十分承知しているが、公式な日付であることと、会社側記録が不明であれば敢えて用いざるを得なかった。会社側資料により判明する場合はなるべくそれに拠っている。もちろん、それだけで本書が完成する筈はなく、沢山の方々から頂戴したご教示や秘蔵写真のご提供があり、多くの参考文献によるデータと併せて、ようやくまとめ得たものである。ご支援を賜った中川浩一、吉川文夫、根本幸男、園田正雄、今津直久、高松吉太郎、宮田憲誠、和久田康雄、岸由一郎、石川勝久の各氏（順不同）および参考文献の著者、日立電鉄鉄道部各位、編集部の方々に厚く御礼を申し上げる。　　　　　白土貞夫（鉄道友の会監事）

●参考文献（本文中に記載したものは除く）
　モハ30生（高松吉太郎）「日帰りの水戸ゆき」つばめNo.9（1940）
　中川浩一「常陸の電車」RomanseCar No.20（1952）
　益井茂夫「日立電鉄」鉄道ピクトリアルNo.128（1962）
　編集部「日立電鉄の現有車輌」急電No.141（1963）
　関東私鉄同好会「常陸の古さと日立の新しさ－日立電鉄」鉄道ファンNo.159（1974）
　法政大学鉄道研究会「ワンマンカーの走る地方私鉄　日立電鉄」鉄道ピクトリアルNo.315（1976）
　中川浩一「茨城の民営鉄道史・上」筑波書林（1980）
　中川浩一『茨城県鉄道余話・下』筑波書林（1981）
　茨城大学鉄道研究会「日立電鉄」鉄道ピクトリアルNo.418（1983）
　梅沢友人「日立電鉄」鉄道ピクトリアルNo.620（1996）
　寺田裕一『ローカル私鉄車輌20年　東日本編』JTBキャンブックス（2001）
　薄井　裕「日立電鉄ファイナルラインアップ」レイル・マガジンNo.249（2004）

デハ101＋ワフ300＋デワ1　昔は地方私鉄ではミキストがよく走っていた。電車に乗らないで、わざわざワフの車掌室へ乗せてもらい、最後尾から車窓展望を楽しんだこともある。そんな古きよき時代の想い出を、いつまでも大切に残しておきたい。

1953.1.9　久慈浜－大甕　Ｐ：吉川文夫

キハ42202"さゞなみ"とキハ42201"そよ
かぜ"。前面窓は2段となってはいても、独
特の流線型は東横時代と変わりなかった。
1953.4.7　石岡　P：中川浩一

序論―まえがきにかえて

　2007（平成19）年3月31日限りで、開業以来83年の歴史を持つ鹿島鉄道が、全線で営業を廃止した。経歴は関東鉄道の設立母体であっても、沿線人口の減少、モータリゼーションの進行が路線別にみた営業係数悪化を進行させ、対応策としての分社化に伴う鹿島鉄道発足から28年を経た後に、刀折れ矢尽きての退陣であった。

　鹿島鉄道発足以後、営業収入の基幹であった航空自衛隊百里基地へのジェット燃料輸送は、2002（平成14）年3月限りで廃止され、収支は一層悪化したけれど、親会社となる関東鉄道をはじめ、茨城県と沿線自治体が財政支援し、列車は何とか運行されてきた。

　けれども、つくばエクスプレス（TX）開業のあおりを受けて、関東鉄道常総線の旅客が減じ、とりわけ会社経営の屋台骨を担ってきた東京駅八重洲口～つくば中央間の高速バス路線が乗客を大幅に失ったことによるダメージは大きかった。そのあおりで、関東鉄道からの財政支援が平成19年度以降打ち切りと決まり、鹿島鉄道は存続不能の窮地に追い込まれたのである。

　鹿島鉄道の路線は、鹿島参宮鉄道の社名で営業を開始した。社名に神社参詣を意味する「参宮」の文字が入るけれど、営業収入の大半が参詣客の運賃で占められた事実はない。参詣の対象になったのは、茨城県鹿島郡鹿島町（現鹿嶋市）鎮座の鹿島神宮だが、明治20年代半ば以降に関東平野東部へ鉄道路線が建設されて以来、鹿島参宮鉄道が

霞ヶ浦湖畔を行く。線路左側の水面に展開するのは鯉養殖用イケス。遠望に筑波山の双峰が見える。　1980.3.13　浜―玉造町　P：根本幸男

開いた参詣順路は最後に登場し、そのうえ立地条件が最も劣っていた。

　最初は日本鉄道を土浦で下車し、主に内国通運が運航してきた外輪蒸汽船に乗り換え、鹿島神宮最寄の大船津に至るコースが利用された。次いでの開設は両国橋～銚子を結ぶ総武鉄道を利用し、佐倉からは成田鉄道で佐原に至り、外輪蒸汽船に乗り換え、大船津への到着であった。このコースでは、上野から我孫子経由で成田に達し、乗り換えて佐原へ向う日本鉄道・成田鉄道連帯も利用できた。

　明治年間に開設済みの土浦・佐原で航路と接続する方法に対し、鹿島参宮鉄道利用のコースは、国有化されて常磐線となった路線を石岡で離れ、

鹿島参宮鉄道の列車は浜まで利用し、以遠は1927（昭和2）年5月17日開設の直営航路で大船津へ向かったのである。

　このコースは東京地区からの参詣者にとって、石岡が土浦以遠であったのに加え、内国通運の航路を継承した東京通船が観光客輸送を主体に設立させた水郷汽船の航路には、歯がたたなかった。鹿島参宮鉄道にとって、航路営業は会社運営の足かせとなり、遂には航路運営権と所有船舶を1931（昭和6）年12月1日に水郷遊覧汽船へ譲渡する破目となった。鹿島参宮鉄道は、参詣客輸送とは無関係となったまま、常総筑波鉄道を1965（昭和40）年6月1日に合併し、同日に関東鉄道と改称するまで、30年余りも名は体を現わさなかった。

沿 革

　鹿島鉄道として営業廃止の日を迎えた普通鉄道は、1921（大正10）年10月12日、高柳淳之助を筆頭発起人とする10名が、行方鉄道を名乗って石岡～小川町～玉造町間に地方鉄道敷設を計画し、免許申請を行った時点で歴史のページを開いている。高柳のリーダーシップにより計画された行方鉄道の起点が、当初は常磐線高浜駅を想定したと伝えられているのは、彼が所属する政友会が主導して1922（大正11）年4月20日に成立した「改正鉄道敷設法」が高浜～玉造～延方を建設予定線に加えたため、先行しての開業は将来起り得る買収への布石と考えた措置でもあったろう。高浜は霞ヶ浦水運の一拠点で、1925（大正14）年には、高浜～柿岡間の地方鉄道敷設免許を得た加波山鉄道の計画も持ち上がったから、このまま事が進めば、交通上の重要地点となるはずであった。

　けれども高浜起点を条件としての資金調達が実を結ばなかったのか、免許出願時の起点が石岡になっていたのは、石岡町有力者の出資により会社設立の見通しがついた結果であろう。

　行方鉄道に対して、敷設免許は僅か二ヶ月後の1921（大正10）年12月12日に交付される。そのことを体して、商号を行方鉄道から鹿島参宮鉄道に改めた会社の設立が1922（大正11）年9月3日に実現したとき、取締役社長には高柳淳之助、専務取締役には浜平右衛門（先代）が就任した。資本金は百万円、本社は新治郡石岡町においたが、会社設立のこの日を以って鹿島鉄道を関連会社とした関東鉄道は、創立記念日とみなしている。

　石岡町で醤油醸造業を営む浜平右衛門は、発起人ではなかったが、貴族院議員も務め、地元の著名人であった。彼は1925（大正14）年9月30日付で社長に就任

新高浜駅とコッペル製の蒸機が絵柄となっている、1924年の石岡～常陸小川間開業時の絵葉書。　　　　　　　所蔵：白土貞夫

した。高柳淳之助はなお取締役としてとどまり、株主としての地位を保っていた。社長交代の理由は、政友会所属代議士としての高柳が起こした選挙が絡む買収事件の発覚とされている。

　ところで、鹿島参宮鉄道は、1922（大正11）年6月20日付で、玉造町～鉾田間の地方鉄道敷設免許も取得する。鹿島参宮鉄道の社名からいえば、玉造町からも霞ヶ浦に沿って進み、行方郡麻生町、同潮来町に達するべきなのだが、終点を鉾田と定めたのは、ひとつには株主との関係、さらに〝郡役所、警察署などはもちろん、中学校、葉タバコ収納所などもあって発展しつつある町〟とする認識が介在しよう。また〝鉾田町まで開通のうえは鹿島軌道、北浦汽船と連絡して鹿島神宮に参詣する道順〟になるとの思惑もあったと伝えられる。東茨城郡大貫町から鉾田に達する軌道の特許を得た鹿島軌道は、鉾田から鹿島に達する路線計画も持っていた。

　鹿島参宮鉄道は、1924（大正13）年6月3日、石岡～常陸小川間7.1kmをまず開業し、次期工事の常陸小川～浜間に着手した段階では、100万円の資本金に対する未払込株金が約17万円であった。

本社の建物とともに高柳淳之助（右）と浜平右衛門（左）が額を並べた石岡～常陸小川開業時の絵葉書。　　　　所蔵：白土貞夫

その後の延長時の絵葉書。本社の写真は同じだが、高柳が姿を消している。　　　　　　　　　　　　　　　　所蔵：白土貞夫

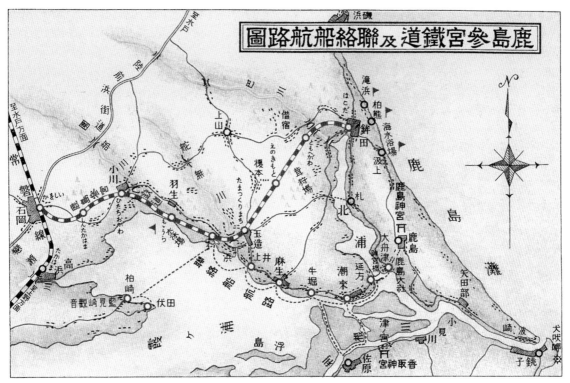

鉾田開業直後の路線図。浜～大船津間を結ぶ鹿島神宮への連絡船の航路が記載されている。航路には当初と異なる部分がある

払込金徴収に苦心し、おとりの工事さえ行った常南電気鉄道の事例に比べるとまずまずの成績というべきだが、そのためには〝泊り込みで歩いて足を棒にし、50円全額払い込みでなくて5円ずつ分割払いで進めた〟り、〝沿道各町村の有志諸君の共同事業となし、そして快くみなさんの賛助を受け、一刻も早く鉄道を開通させたい〟と説き回った努力が功を奏した結果と思われる。とはいえ、玉造町～鉾田間の建設に着手する前提として、1926（大正15）年9月30日に資本金を150万円に増加し、そのための払込金を徴収する段階になると、多くの困難に遭遇する結果となった。

1929年全通時の鉾田駅の模様を伝える絵葉書。廃線時の駅舎とは相違する。
所蔵：白土貞夫

常陸小川～浜間は1926（大正15）年8月15日に開業し、浜～玉造町間1.4kmは1928（昭和3）年2月1日に開業となっている。玉造町～鉾田間の開業により、失効区間を除けば免許線の全線で営業を始めたのは1929（昭和4）年5月16日であった。

鉾田への延長工事が進む中で、1928（昭和3）年8月11日に、電気事業許可を申請する。内容は工事費概算172,500円を投じて桃浦に出力300kW・電圧600Vの変電所を設置のうえ、電車7輌を使用する電化計画であった。電力は浜平右衛門が社長を兼任する石岡電気から買電と記されるが、監督局は地磁気観測所への障害がかかわるためか、具体的な対応をしなかった。鉾田への建設資金にあてる50万円増資が停滞し、株金徴収に苦しむ中での電化計画は無謀の極みとみなされる。

さらには、1926（大正15）年11月15日に得た浜（行方郡立花村）～延方間の免許が1929（昭和4）年3月19日に失効した。理由は工事施工認可申請期限を22日間超過しての延期申請出願を、鉄道省監督局が受理しなかったからである。延方への延長策が建設資金獲得へのゼスチュアに過ぎず、実施の意志を会社が持っていなかった証拠とみなせよう。

鹿島参宮鉄道は、開業に備えて蒸気機関車2輌、客車6輌、貨車20輌を用意する。蒸気機関車は、為替レートの関係に加えてダンピング的価格でドイツ製の新

57

製機関車を購入し、客車も新製車を用意しているが、株金徴収に苦労した状況を考えると、鉄道省払下げの中古車を用意すべきだったろう。

　1927（昭和2）年5月17日、鹿島参宮鉄道は、浜〜大船津間で船舶運航を開始する。社名に照らして、鹿島神宮への最短経路を開こうとしたわけである。認可を1926（昭和元）年12月27日に受け、鹿島丸（50.5t、定員98人）、参宮丸（25.94t、定員55人）、霞丸（8.57t、定員22人）の三隻を用意した。

　浜駅に接して汽船発着場を設け、霞ヶ浦から水路を掘り込んだ。その施設はドックと呼ばれ、戦後も漁船の使用にあてられた。浜〜大船津間では、麻生、牛堀、潮来浜町、潮来四丁目に寄港した。乗客の輸送に加えて、鉄道線との連帯運輸による手小荷物も扱った。さらに航路の拡張に手を付け、1927（昭和2）年12月に浜〜田伏〜志戸崎〜牛深間、1929（昭和4）年12月には佐原航路も新設した。

　このように非常な意気込みで始められた船舶業ではあったけれど、鹿島参宮鉄道の経営にとってプラスにはならなかった。既存の汽船会社と競争し、航路に並行して湖岸に道路が延びる浜〜大船津間では、乗合自動車との競争も加わるからである。

1927年の船舶運航開始に先駆けて用意された「参宮丸」。浜で鉄道と連絡して、鹿島神宮との間を結んだ。　　　　　　所蔵：白土貞夫

浜駅に設けられた汽船発着場の跡。右奥が浜駅駅舎。汽船連絡の遺構であったが、1982年に埋め立てられた。　　　1976.11.3　P：中川浩一

■会社倒産を救った二代目社長

　行方鉄道創立の筆頭発起人であり、計画変更に伴う石岡〜玉造町間への地方鉄道敷設免許を得て、会社設立を達成した鹿島参宮鉄道の初代社長高柳淳之助が、衣の下に着込んだ鎧は、情報にうとい郡部在住資産家を標的とする策士であった。

　彼がまとった衣は、建主改従の鉄道政策を掲げ、平民宰相と称される原敬を統領に据える政友会に属する衆議院議員であった。加えて東京市麹町区に本社を構える日本農工債券、高柳信託をはじめ、いくつもの企業を主宰する実業家の仮面をつけていた。

　発足間もない鹿島参宮鉄道の株式は、39.7%（第二回営業報告書）が高柳淳之助名義であった。けれどもその大半は、高柳信託による投資とされている。高柳が投じた資金は、彼の事業に属する東京貯金新聞を始め、ダイレクトメールでの甘言を介して集めたあぶく銭であった。有利な利回りを得ると宣伝して集めた資金は、筑波山鋼索鉄道や筑波鉄道、村松軌道など、茨城県内に多く投じられていた。しかし他県での事業にも投じた資金は、約束する利益を生まず、やがて被害額180万円、被害者6万6千人を数える当時は空前といわれた証券詐欺事件を起こすに至った。加えて茨城県政史でも最大の選挙に関わる買収事件が発覚し、悪の仮面は引きはがれ、結局は鹿島参宮鉄道社長の地位を失った。

　高柳とともに発起人に名前を連ねた小山田信蔵は、やはり水戸市出身の衆議院議員だが、「大山師」とか「人を丸め込む天才」と称され、多くの会社企業の株買占めに暗躍したことで知られている。鹿島参宮鉄道は、胡散臭い人物達が主導権を握ってスタートしたことになる。会社存続を危うくする事件を何とか終息させるのは、二代目社長に就任した浜平右衛門の努力を始め、予定線路沿いに在住して、オラが鉄道実現に望みを託す村祭りの寄付者に例えられる零細株主が投じた資金であった。

　けれども義理人情をテコにして集め、一人あてでは数株保有に過ぎぬ多数の株主を説得し、1回に付き1株5円（額面50円）ずつを足を棒にして血と涙で集めた社員の努力によって、鹿島参宮鉄道は、当初予定の区間を何とか開業に漕ぎ着けたのである。

（中川浩一）

鉾田まで全線が開通した直後の昭和5年度において、鹿島参宮鉄道の鉄道運輸収入は、92,137円（うち客車収入61,831円）に対する鉄道営業費が86,860円で益金5,277円を計上したものの、鉄道負担支払利子46,834円に加えて、船舶業による損金12,713円、雑損金10,957円によって、65,227円にも達する赤字を計上する。これは客車収入を越える額である。ところが最終的には、次年度への繰越金35,704円を持ち得たのは、地方鉄道補助法に基づく100,464円もの政府補助金を受けていたからである。

　地方鉄道に対する政府補助金が、その経営を維持する上でいかに重要な存在であったかを、鹿島参宮鉄道での事例は明らかに物語っている。同じ時期に茨城県内で全線に対して政府補助金を受けていた茨城鉄道の場合には、政府補助金を得てもなお赤字の惨状を示している。

　年を追って深まる経営悪化に対しては、従業員の一割減俸、鉛筆、用紙類の節約に始まり、1930（昭和5）年12月からは、燃料費の節約をはかって小型ガソリン動車3輛を購入する方法も講じられた。赤字拡大の原因となる船舶業も、1931（昭和6）年12月1日に水郷遊覧汽船（→水郷汽船）へ譲渡されている。それと引き換えの形になる自動車運輸では、乗合自動車を1931（昭和6）年7月1日、貸切自動車を1933（昭和8）年2月19日、貨物自動車を1937（昭和12）年10月19日から、それぞれ営業開始した。乗合自動車業は潮来自動車商会を買収、土浦自動車からは路線譲受によって始められたが、これらは鉄道線に対する培養策でもあった。

　乗合自動車業は、1937（昭和12）年2月26日に香取参宮自動車、同年9月6日に鹿島参宮自動車をそれぞれ買収して路線拡張に役立てている。この後は、戦時統合に伴う乗合自動車業の吸収を1943（昭和18）年と1944（昭和19）年に実施することになった。

機関不足から1940年に鉄道省から借り入れられ、そのまま譲り受けた6号機。　1961.11.16　鉾田　P：白土貞夫

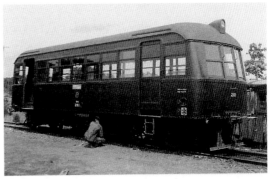
1936年にキハ201を増備。この後に旅客車の新造は平成元（1989）年のKR-501までなかった。　1951.9.21　石岡　P：中川浩一

　1937（昭和12）年3月11日、鹿島参宮鉄道は、重油燃料使用の認可を受け、ディーゼル機関車を購入した。燃料費をより一層節約する策であった。ガソリン動車についても、前年に小型ボギー車の新製を行っている。

　このようにして、蒸気機関車への依存度を低くする方策を講じた後、1938（昭和13）年6月には、開業当時の機関車を売却するが、日中戦争の長期化に伴って、客貨が増加するのに対し、液体燃料の使用規制が実施されたため、ディーゼル機関車、ガソリン動車の稼働率が低下してしまい、機関車不足からやがて中古品を2輛購入して輸送需要に対処せざるを得なくなった。

　鹿島参宮鉄道の沿線に軍需工場は存在しなかったけれど、軍用飛行場の開設に伴う兵員、資材輸送が激増した。自社の機関車だけでは間に合わず、1944（昭和19）年12月12日付で提出の「省有車両直通運転許可願」はC10形と20m鋼製客車による直通運転の必要を〝昭和19年7月20日鉾田発の兵員約1000名の輸送に貨車36輛、同19年11月3日鉾田着の兵員約1200名輸送に貨車41輛を要し、それも数回の分割輸送であり、一編成全部を貨車にして輸送するも間に合わず、定期列車の一般乗車を禁じて輸送した。当社の現有車輛では何ともなしがたいので、直通運転を認可されたい〟と記している。申請は1945（昭和20）年2月18日認可され、C10形牽引による直通運転を実施したと古参社員から筆者（白土）は聴取している。そうした軍用飛行場を継承する航空自衛隊百里基地への航空燃料輸送は、鹿島鉄道が長く貨物輸送を続けられた原因になった。

　戦時輸送に伴う客貨の急増を統計に即して見ていくと、1936（昭和11）年の旅客輸送人員22.7万人に対して1941（昭和16）年には88.7万人で約4倍増、貨物輸送量の場合には、3.7万tから15.3万tとなっている。これを従前どおりの車輛で輸送することは、もとよりできる相談ではない。とはいえ、工業生産が軍需優先となる状況では、新製車の手配は及びもつかず、客貨

車についても中古車輌をかき集めて、急場しのぎにあてる以外に方法はあり得なかった。反面、収入は旅客・貨物の両方とも、目にみえて増加した。先に言及した昭和5年度の旅客収入が約6万円であったのに対して、昭和16年度には上期だけで307,164円を計上するほどであった。とはいえ、列車運転に要する経費も、石炭使用量の増加によって大幅に増えることになったから、面白いように儲かったわけではない。

不足する資材をなんとか確保しようとして、ヤミ買いと称される統制逃れの自由（裏）市場調達に手を出したところ、運悪く警察に事が露見し、責任者は逮捕の上、罰金まで課せられる悲劇さえ味わされた。

昭和19（1944）年5月13日、鹿島参宮鉄道は、龍崎鉄道が経営してきた地方鉄道を買収した。以後、従来の鹿島参宮鉄道線は鉾田線、旧龍崎鉄道線は龍ヶ崎線と呼称されるようになる。

乗合自動車事業については、前年の12月12日に買収を終わっていたから、会社設立以来、45年をこえる歴史を持った龍崎鉄道株式会社は、解散の手続きを採ることになる。

龍崎鉄道の買収は、昭和13（1938）年8月に公布された陸上交通事業調整法を根定とし、1940（昭和15）年2月に公布の陸運統制令に基づく戦時統合の結果であった。この前後にも、茨城県南に営業路線を持つ乗合自動車路線を、車輌・従業員ぐるみで買収していくが、1944（昭和19）年7月22日に買収した路線の中には、土浦〜阿見間で電気鉄軌道を経営していた常南電気鉄道が、収支不調で廃業後は乗合自動車事業者に転じた常南バスから継承した区間も含まれている。

戦時体制からの立ち直りについては、後年に合併した常総筑波鉄道と比べれば、鹿島参宮鉄道はかなり立

キハ40401。客車からガソリンカーとして整備され、その後ディーゼル化された。　　　　　　　1954.11.2　石岡　P：青木栄一

ち遅れていた。常総筑波鉄道では、輸送量増加、運転経費節減に関連して、ディーゼル機関の使用に早くから着目し、1950（昭和25）年から当初は代用燃料使用を想定したディーゼル動車、1953（昭和28）年からはディーゼル機関車の使用を始めていた。これに対して、鹿島参宮鉄道では、1955（昭和30）年にディーゼル動車、1958（昭和33）年にディーゼル機関車をそれぞれ使用し始める状態であった。1950（昭和25）年後期に液体燃料の使用規制が解除されると、戦前からの使用実績があるガソリン機関に頼ってしまい、国鉄から購入したガソリン動車の改装も、ガソリン機関取替で済ませた保守的性格のそれは結果であった。

鹿島参宮鉄道の業務が、最も多忙を極めたのは、太平洋戦争直後であったという。旅客輸送についていえば、1946（昭和21）年には鉾田線で2,388,000人を記録する。不況に悩んだ昭和5年度には、246,000人であったのだから、その増加には目をみはるものがある。

これは鉾田線沿線が日本有数のサツマイモ生産県である茨城県の中でも、代表的な産地であったこととの

無煙化が遅かった鉾田線の貨物列車。この4号機はディーゼル機関車導入後も残り、活躍した。　　　　　　　1963.3.3　石岡　P：根本幸男

■「参宮」を名乗った鉄道

社名に「参宮」の二字を組み込む私鉄は、合わせて六つ存在した。最初は、私設鉄道法に基き、関西鉄道に接続のうえ、最終的には津~山田間を開業した参宮鉄道であつた。参宮鉄道の免許申請に際し、江戸期以来お伊勢参りの人馬で賑わう街道筋は、往来が少なくなれば宿場は成り立たなくなるとして、強い反対を申し立てたが、鉄道局から一蹴された事実が『日本鉄道史』中篇には記されている。これは確たる証拠が残る「鉄道忌避」の実例といえるだろう。

参宮鉄道は「鉄道国有法」によって国有鉄道の一環となり、線路区分変更と延長線の完成により、亀山~鳥羽間が参宮線となった後、紀勢本線が発足すると、多気~鳥羽間に短縮されている。

軽便鉄道法、ついて地方鉄道法が発足すると、宇佐参宮鉄道、鹿島参宮鉄道、筑前参宮鉄道がそれぞれ開業する。とはいえ宇佐神宮、鹿島神宮、宇美八幡宮・箱崎神宮への参詣者が旅客の主体を占めた訳ではない。宇佐参宮鉄道は、日豊本線へのアクセスとなる市街地連絡線が省社連絡駅の反対方向へ参詣用の線路を派出させたに過ぎない。

筑前参宮鉄道は、糟屋炭田で産出する石炭の輸送を主務として、戦時統合で西日本鉄道に合併された後、戦時買収で国鉄勝田線となった。

大分交通の一環となった宇佐参宮線、石炭搬出の合理化で国鉄線となった筑前参宮線も、モータリゼーションと炭砿廃山によって廃線となり、鹿島参宮鉄道を出自とする鹿島鉄道の廃止により、非電化民鉄として誕生したこれら三つのローカル鉄道は、すべて失われた。

これらとは別個に、軌道法の公布後、路面電車を主体とする琴平参宮電鉄が発足する。城下町の丸亀と金刀比羅宮として知られる琴平神社を結ぶ電気軌道だが、丸亀から坂出、善通寺から多度津への延長区間は地方鉄道として建設された。けれども車輌は、軌道線の規格を踏襲した。並行線的な予讃、土讃線とはフリークエンシーの確保で互角以上に対抗したが、モータリゼーションには抗し切れず、高度経済成長期に営業廃止へ追い込まれた。

最後に開業した参宮急行電鉄については、詳しく述べる必要はないだろう。関西急行鉄道に合併後、近畿日本鉄道の最重要幹線に組み込まれ、名阪特急、伊勢志摩特急が頻繁に走っている。　　　　(中川浩一)

関係から、不足する配給食糧を、サツマイモ買出しして補おうとする庶民が、次々に沿線を訪れたからである。とはいえ、サツマイモも統制物資であり、生産農家が政府に供出した後は、鉄道輸送に依存するのだが、石炭不足で貨物列車は満足に動けず、そのため〝各駅構内には何万俵とも知れず野天に山積みされ、輸送力にも限度があり、相当の腐敗も出る状態〟となってしまった。

混乱からなんとか立ち直るのは、1952（昭和27）年であり、鉾田線では旅客列車をすべてガソリン動車に置き換え、フリークエントサービスと運転経費の節減に役立てている。蒸気機関車に比べ加速・減速が行いやすい特性を利用して、客扱専用の停留場の再開や新設も行われ、乗客に対するサービスが拡充されていった。

このようにして、経営合理化に対する施策が一応の結実をみた段階で、鹿島参宮鉄道には、京成電鉄の資本が導入された。鉄道部門への投資は目途がついても、バス事業の拡張には、より多くの資金を必要とした。そのため1958（昭和33）年2月、1959（昭和34）年2月と相次いだ増資には外部資金の導入を受諾して、京成資本との関係が生じている。1959（昭和34）年11月

1951年に入線したキハ42202（左）。その後も国鉄からの気動車の譲受が続くことになる。　　1971.4.11　石岡　P：根本幸男

28日以降、鹿島参宮鉄道は京成グループの一員となった。

ところで、昭和30年代も後半に入ると、鉾田線の旅客輸送には、目立った変化が現れる。経済の高度成長と対応して首都圏外郭部における工業立地の一環となる内陸工業団地が建設され、通勤客が輸送計画作成の重要項目となる一方、高校進学率の向上に伴い、沿線に高等学校が新設されたほか、石岡、鉾田両地区の既設校への通学者が、鉄道利用者の中で無視できない部分となってくる。

このような新規需要に対しては、車輌の大型化に加えて連結運転で対処しなければならない。そのためには、新規投資を必要とするのだが、運賃収入は割引率の高い通学定期券が主体となるため、乗客の増加に比例して経営が活況を呈する図式は描けない。これが地方民鉄に共通する悩みとなった。昭和40年代に入ると、マイカーの普及によって、通学生に比べれば、運賃収入面での寄与が高い通勤者の鉄道離れ現象が起こり、鉄道経営をますます苦しいものへと追い込んでいった。

鉾田線は関東鉄道となるまで、常総線に比べて、キロ当たり旅客運賃が高いのが普通であった。関東鉄道発足直前の状況では、鹿島参宮鉄道がキロ4円60銭（1961年12月改訂）であるのに、常総筑波鉄道が20キロまでキロ3円90銭（1962年7月改訂）となっている。

左は鹿島参宮鉄道時代の貨車の車体標記。「カ」の字4個（シ）で「マ」を囲んだ社紋が描かれる。右は関東鉄道になってからのもの。
左：1962.5.22　右：1971.4.11　P：白土貞夫（2枚とも）

ところが、合併後は四線共通賃率をとることになり、1967（昭和42）年10月の改訂ではキロ当たり4円90銭となってしまう。このことは、常総筑波鉄道利用者が21キロ以上の区間については3円85銭ですんでいた事情にてらすと、明らかに不利なあつかいといえるだろう。1970（昭和45）年6月の改訂では四線共通でキロ当たり6円35銭になり、1972（昭和47）年10月には1～26キロ未満がキロ当たり9円35銭、26キロ以上がキロ8円50銭の二段階方式になったとはいえ、乗客にとっては著しい負担強化というほかない。

沿線住民の内、社会人が急速に鉄道離れする鉾田線、筑波線が年毎に累積する赤字に足を引っ張られて、相対的に経営内容がよい常総線、竜ヶ崎線利用の住民が割高なキロ当たり運賃を請求されるのは、住民サイドでとらえれば不都合であったといえる。

1965（昭和40）年6月1日付けでの関東鉄道への改組によっても、鉾田線の経営は好転しなかった。バス事業のうえでは、競合路線の整理が経営合理化に役立ったが、鉄道線の場合には、鉾田、竜ヶ崎、常総、筑波の四線は分散し、相互に影響し合う点がなく、統一経営を目指す施策に水をさす結果になったといえるだろう。

1979（昭和54）年3月4日に関東鉄道が全株式を保有する100％出資の子会社として、鹿島鉄道が設立された。同様の手順で筑波鉄道も発足した。新会社といっ

関東鉄道時代の鉾田線を行く旧夕張鉄道のキハ715。営業を廃止した地方鉄道からの気動車譲受が進められた。　1976.11.3　玉造町一浜　P：中川浩一

ても本社は関東鉄道と同一場所にあり、同年4月1日付で、鹿島鉄道、筑波鉄道は、関東鉄道鉾田線、筑波線の運営にかかわる地方鉄道事業をそれぞれ譲り受け、具体的な事業を開始した。分社化と一般に呼ばれるこのような経営手法は、今日では乗合自動車事業において全国的な合理化策とされている。目的は運行コストをできるだけカバーする賃率の設定、従業員雇用条件を切り下げての再雇用による人件費削減、公共交通手段確保を前提とした地方自治体からの運行継続への補助金交付などであった。

関東鉄道が経営する場合には、鉾田線・筑波線に比べると相対的には運行コストの低い常総線・竜ヶ崎線が存在し、実情と大きく異なるキロ当たり運賃で、鉾田線・筑波線は運行せざるを得ない「不合理」を改めようとする目算が介在した。加えて、別企業とすれば、各種補助金獲得の可能性が開けるとの目算もあった。経営者側は、人件費削減も視野に入れた筈だが、労組との交渉で従業員は関東鉄道から出向し、雇用関係を変更しての合理化は行わないとの条件による経営分離ゆえ、人件費削減を伴う分社化のメリットは生じなかった。

分社化によって、経営の建て直しを図っても事情は好転せず、万策尽きた形で筑波鉄道は、昭和62（1987）年4月1日付で営業廃止に追い込まれた。

鹿島鉄道の場合は、航空自衛隊百里基地を対象とする航空燃料輸送が石岡〜榎本間で定期的に実施され、貨物運賃収入が経営を支える重要な柱となり続けた。さらに起点石岡寄りでの住宅団地開設、工場進出に伴う旅客輸送需要に応ずるため軽快気動車新製を軸とした短区間でのフリークエントサービス強化、沿線所在の幼稚園グループによるパンダ見物団体列車をJRから12・14系編成客車の乗り入れで果たすなど、自助努力も積み重ねた。

高校通学生の鉄道利用を増やすために、学校最寄地点への停留場新設も実施した。けれども特定時間帯に集中する通学輸送は、旅客収容力が少ない軽快気動車ではまかなえず、経年増加でメインテナンスが過重な大型ディーゼルカーを保持し続けなければならぬデメリットも伴った。

地域住民、とりわけ交通弱者に対する交通手段確保への努力に水をさす最初のダメージは、航空燃料の鉄道輸送を打ち切られたのが原因となって実施した2002（平成14）年4月1日付での貨物営業廃止に伴う収支の急激な悪化であった。それでも茨城県、沿線市町村による財政支援に加え、親会社としての関東鉄道による内部補助で、2002（平成14）年以降もなんとか

満員の乗客で賑わう最終日。「みなさまさようなら」の惜別マークを掲げたこのKR-505が最後の増備車となった。
2007.3.31 浜−玉造町　P：根本幸男

運行を続けていた。

涙ぐましい努力による鹿島鉄道の経営に最後の宣告をもたらしたのは、2005（平成17）年8月14日に開業した首都圏新都市鉄道（つくばエクスプレス＝TX）である。新守谷でTXと路線が交差する関東鉄道常総線は、取手〜新守谷間では旅客を大きく減らし、継続して利用する乗客の乗車区間も短縮する。新守谷以北からの乗客が取手へ直行する数も減少した。このような鉄道旅客収入の減少以上に関東鉄道の屋台骨を揺るがしたのは、ドル箱といわれた東京駅八重洲口とつくば中央を結ぶ高速バスの利用客が、TXへ大幅に転移して失った運賃収入であった。

予測では、同額なら着席は保障され、到達時分をほぼ同等とすれば、高速バスは互角であろうと思われたが、定時運行確実のTXに対し上り便で遅延の生じやすい高速バスは、惨敗を喫する結果となってしまう。

ドル箱収入を失った関東鉄道は、平成19年度以降の内部補助打ち切りを決めたため、県と沿線自治体による財政支援だけでは、鉄道経営は不能と判断され、万策尽きたのである。自治体による新規の経営母体公募も、空振りとなり、2007（平成19）年3月31日限りで営業は廃止され、歴史の幕を閉じたのである。

東横時代の流線型を最後まで堅持していたキハ42202。この流麗な姿を
求めて鹿島を訪ねたファンも少なくなかった。
1973.5.24 石岡 P：諸河 久

石岡＝鉾田

キハ
42202

施設と運転

鹿島鉄道は、常磐線石岡駅を起点に鉾田までの27.2kmを結ぶ非電化、単線の鉄道であった。軌間は1,067mm、最急勾配は玉造町〜巴川間に16.7/1000が5ヶ所あり、最小半径は300mで浜〜玉造町間に存在した。保安方式はそれまでの通券閉塞を、1971（昭和46）年7月に単線自動閉塞に改めている。開業時の駅は石岡、新高浜、常陸小川の3駅、鉾田までの全通後は14駅に増加し、閉業の際には17駅を設けていたが合理化により、駅員配置駅は石岡、常陸小川、玉造町、鉾田のみであった。

旅客列車運転状況は、開業時には石岡6時26分の始発から常陸小川21時15分発の最終列車まで6往復、所要25〜33分を要した。1本の列車が往復するだけの単純な運行であった。鉾田まで全通直後の1930（昭和5）

末期の石岡駅構内。右奥に機関区と修繕職場、最奥に客車庫がある。
2007.2.16 P：白土貞夫

交換設備が撤去された後の浜駅構内。1927〜1931年にはここで霞ヶ浦航路に接続していた。
1976.11.3 P：中川浩一

年4月1日改正ダイヤでは、石岡〜鉾田間10往復、全線61〜68分を要している。この時期の石岡駅発着の常磐線列車は13往復に過ぎず、深夜発着の列車を除けば殆どの列車と接続していた。翌年4月1日改正では11往復、区間1往復と増発されて、所要時間も最速50分となったのは気動車投入の結果であろう。同時期の浜〜鹿島大社（大船津）間航路は所要2時間40分、4往復が運航していた。

1940（昭和15）年3月1日訂補の時刻表では10往復、すべて58分運行となっている。「ガソリン車併用」と記載してあるが、戦時下の燃料事情悪化に伴い実態は「代燃車併用」であり、所要時間増加がそれを物語っている。さらに1944（昭和19）年10月11日改正では本数も7往復、区間1往復に削減され、再び完全な蒸気列車運行に戻って所要時間も60〜96分と大幅ダウンしている。終戦直前の軍隊輸送の状況は、別項に記してある。

鹿島鉄道（鹿島参宮鉄道・関東鉄道鉾田線）駅名一覧

駅　　　　名	区間粁程	累計粁程	開業年月日	摘　　　　要
○石　岡　いしおか	0.0	0.0	大13.6.8	機関区所在地、常磐線連絡 昭13.10.13水戸専売局石岡酒精工場専用線0.8km開通
○石岡南台　いしおかみなみだい	1.5	1.5	平元.6.16	
東田中　ひがしたなか	1.0	2.5	昭39.11.18	
玉　里　たまり	1.1	3.6	昭63.4.1	昭46.10.1信号所開設（旧新高浜駅跡地に設置か？）
新高浜　しんたかはま	0.6	4.2	大13.6.8	開業時は石岡起点3.6km、昭16.11.12移転
四箇村　しかむら	0.9	5.1	昭5.11.26	昭18.12.23休止、昭26.10.1再開
○常陸小川　ひたちおがわ	2.0	7.1	大13.6.8	
小川高校下　おがわこうこうした	0.7	7.8	昭63.4.1	
（下馬場）　しもばば	…	8.2	昭5.11.26	昭18.12.23休止、廃止年月日不明
○桃　浦　ももうら	2.9	10.7	大15.8.15	
八木蒔　やぎまき	2.1	12.8	大15.8.15	昭18.12.23休止、昭26.10.1再開
浜　はま	1.6	14.4	大15.8.15	昭2.5.17〜昭6.11.30大船津連絡航路接続 開業時〜昭38.1.31まで交換可能駅
○玉造町　たまづくりまち	1.4	15.8	昭3.2.1	
（武田）　たけだ	…	18.2	昭5.11.26	昭18.12.23休止、昭32.4.26廃止
○榎　本　えのきもと	3.7	19.5	昭4.5.16	
借宿前　かりやどまえ	1.9	21.4	昭26.10.1	
○巴　川　ともえがわ	2.3	23.7	昭4.5.16	
坂　戸　さかど	1.3	25.0	昭5.11.26	昭18.12.23休止、昭31.11.19再開
○鉾　田　ほこた	2.2	27.2	昭4.5.16	開業時は石岡起点26.9km、昭15.3.15移転、ただし停車場中心キロ程の変更は昭和28年である。

注1）　○印は交換可能駅。

石岡駅分岐の石岡酒精工場専用線の列車も鹿島参宮鉄道・関東鉄道の社機が牽引した。4号機が牽く専用線の貨物列車。　　　　　1963.9.21　P：高井薫平

DD45 1が牽く午後の鉾田行き貨物列車。　　　　　　　　　　　　　　　　　　　　　　　　　　　　　　　1973.6.3　石岡　P：根本幸男

鹿島鉄道の大きな収入源であった百里基地向けのジェット燃料輸送列車。牽引機はDD901。 1987.5.29　四箇村－常陸小川　P：根本幸男

日本の原風景のような景色のなかを行くキハ712とキハ711。共に三井芦別鉄道からの転入車。 1973.6.3　浜－玉造町　P：根本幸男

■鹿島鉄道線路配置図

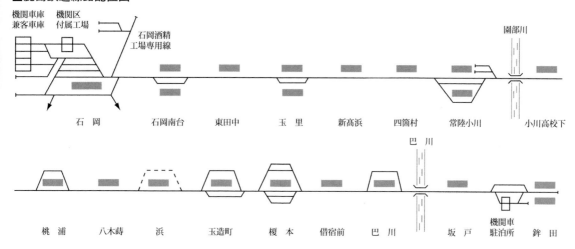

機関車庫　機関区
兼客車庫　付属工場
石岡酒精
工場専用線

石岡　　石岡南台　　東田中　　玉里　　新高浜　　四箇村　　常陸小川

園部川

小川高校下

桃浦　　八木蒔　　浜　　玉造町　　榎本　　借宿前　　巴川　　坂戸

巴川

機関車
駐泊所　　鉾田

　戦後は1953（昭和28）年3月4日訂補ダイヤによると、全線9往復、区間3往復半、所要59〜65分で運転している。常磐線も石岡駅へ15往復が停車する戦前並みの運行であったから、深夜以外は大半の列車に接続したが、準急気動車が増発された後の1963（昭和38）年2月1日時点では30往復（内準急7往復）になり、対する鉾田線も13往復に増発したが、国鉄とは接続しない場合もかなり生ずるようになった。全列車が気動車化された影響で所要時分は51〜53分に向上している。この頃までは霞ヶ浦も水清く、夏は湖水浴客で賑わい、臨時列車が石岡〜桃浦間に何往復も走ったという。

　1969（昭和44）年8月4日現在では18往復、区間1往復のほかに1967（昭和42）年3月11日開始の石岡〜榎本間貨物列車2往復が設定されていた。航空自衛隊百里基地向けのジェット燃料輸送用であり、晩年の鹿島鉄道では経営を支える大きな収入源であった。榎本駅構内には4個の石油貯蔵タンクを設けて、パイプラインにより同基地へ送油されていた。

　石岡寄りの沿線で住宅地開発が進み、1989（平成元）年6月16日に石岡南台駅開業と同時の改正ダイヤからは、区間列車の運行により、石岡〜玉里間はそれまでの21往復を倍増の42往復に大増発し、朝は15分〜20分毎の発車となった。玉里〜鉾田間は日中約60分毎の21往復となっている。

　ジェット燃料輸送は2001（平成13）年8月に休止され、タンクローリーに切り替えられた。原因はパイプラインの老朽化だが、敵からピンポイント攻撃を受けた場合に鉄道輸送では百里基地の機能が麻痺すると在日アメリカ軍から指摘されて取りやめたとの説もある。貨物営業は、翌年4月1日廃止している。

　最終となった2006（平成18）年3月18日改正ダイヤでは石岡〜鉾田間は所要51〜63分、22往復（他に回送1往復）、石岡〜玉里間8往復、石岡〜常陸小川間13往復で開業以来最大の列車本数となり、石岡〜玉里間の朝ラッシュ時には9〜15分間隔のかなりフリークエントな運転を行っていた。

ジェット燃料積卸用の側線と貯蔵タンクが設置された榎本駅構内。
1979.2.25　P：根本幸男

1989年に開業した玉里駅で折り返しを待つKR-502。石岡近郊の宅地化も路線存続の決め手とはならなかった。　1990.7.15　P：白土貞夫

69

金子常光作「鹿島大社と参宮鉄道」　　　　　　　　　　　　　　　所蔵：白土貞夫

■ライバル対決

　大正後期から昭和10年頃まで、鉄道・汽船・乗合自動車などの交通機関、社寺仏閣、旅館、ホテルはもとより、府県・市町村なども観光客誘致を目的に、鳥瞰図を数多く発行した。そのため原画を描く絵師が輩出し、なかには複数の弟子を抱え、プロダクション方式で受注、製作を行う工房も出現した。

　パイオニアは、皇太子（後の昭和天皇）に「京阪電車御案内」の出来映えを嘉賞され、鉄道省『鉄道旅行案内』（1921年・1924年再版）に多数の鳥瞰図が収められ、絶大な信用を博した吉田初三郎（1884〜1955年）

とされてきた。「大正広重」を名乗り、大正名所図絵社をおこした吉田初三郎は、マネージャー小山吉三の不正経理発覚に加え、関東大震災で事務所・画室が受けた被害からの再起を事務所・画室とも犬山（愛知県）に構えて企てた。

　初三郎と絶縁した小山吉三は、プロダクションから金子常光、中田富仙をスカウトのうえ、大正11（1922）年に日本名所図絵社を発足させている。昭和10年代に入って戦時体制下での取締が鳥瞰図刊行を制限させるまで、初三郎、常光は互いに張り合い、作品を量産した。

吉田初三郎作「観光の茨城」　　　　　　　　　　　　　　　　　　所蔵：藤本一美

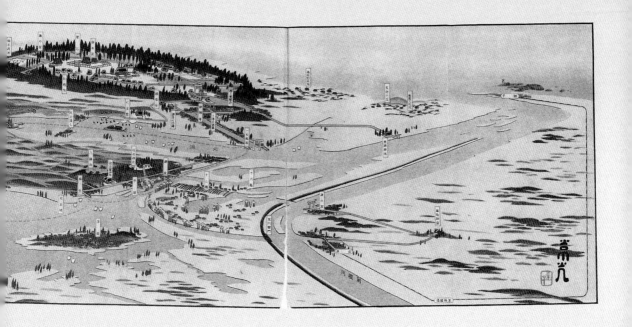

金子常光のサインを持ち、1927（昭和2）年6月発行の『鹿島大社と参宮鉄道』は、なぜか画風稚拙で細密描写・色彩華麗な初三郎作品の足元にも寄り付けぬ駄作である。けれども同時期の常光作品には初三郎と対抗できる出来栄えをみせた事例も存在するので、描画料が絡まる手抜きであったのかもしれない。『鹿島大社と参宮鉄道』と絵柄、色彩が極似する無署名の『香取鹿島と水郷霞ヶ浦と筑波山』（1929年頃）をみかけるから、常光の名儀貸しだったのだろうか。

初三郎作品での鹿島参宮鉄道は、『茨城県鳥瞰図』（1929年）・『観光の茨城』（1936年）で県内鉄道路線の一翼として描かれている。双方とも絵柄は同じだが、時系列に伴う地域の変化を巧みに採り入れている。鹿島参宮鉄道に限定すれば、軍配は初三郎にあげなくてはならぬだろう。

吉田初三郎画『観光の茨城』の左半分には、中央に位置する石岡から鹿島参宮鉄道が鉾田に達している。途中駅は、小川と玉造を記入、沿線の名所は桃浦湖水浴場のみ。なお、茨城県内の私鉄は、常総鉄道、龍崎鉄道、筑波鉄道、茨城鉄道、水浜電車、水戸電気鉄道、筑波山鋼索鉄道、湊鉄道、常化電気鉄道が描かれている。

（中川浩一）

沿線

　起点の石岡駅では西側のJR駅舎や常磐線ホームから跨線橋を渡っての島式ホーム片側の5番線を使って鹿島鉄道のディーゼル動車は発着した。階段を下りると改札のラッチがあり、ホーム中央に細長い古風な待合室、さらにその奥に駅務室を兼ねた運転指令室があった。東側には広い構内が開け、気動車や機関車が留置してあるのが常磐線車窓からも眺められた。さらに外周を取り巻くように木造の機関区、客車庫や保線区などの建物が立ち並んでいた。

　石岡駅を上野寄リに発車するとすぐに国道6号線を潜り、続いて橋桁に「日本橋梁」の大きな銘板を持つ上路プレートガーダの山王川橋梁を渡る。並行する常磐線と分かれて左へカーブすると南東へほぼ直線状に走って、新興住宅地のなかに途中駅では唯一の跨線橋を持つ石岡南台や東田中、玉里の各駅を過ぎると、四箇村駅付近からは沿線が雑木林や水田に変わる。13.3/1000の長い勾配を駆け下りての常陸小川駅には、最後まで貨物上屋が残っていた。行く手に水田が開けて、当線最長で延長41mの園部川橋梁を上路プレートガーダ3連で渡るとやがて右手に霞ヶ浦がせまり、遠くに筑波山を望む牧歌的なムードに溢れた眺めが展開する。湖畔の桃浦駅は開業時に桃の木を植え、遊園地を造って名所としたところからこの名がついたという。湖面に張り出す台地は八木蒔駅をサミットにして切通して

抜けると再び湖面が右に広がリ、浜駅に到着する。当初は島式ホームの交換駅であり、連絡船発着港でもあったが、駅近くまでL字形に掘り込まれていたドックは、1982（昭和57）年7月に埋め立てられ、その後に駅舎も交換施設も撤去されて、近年は往時の様相はうかがえなくなっていた。

　半径300mの左カーブで湖岸を離れ、方向を北東に変えて玉造町駅に着く。駅前は湖岸一帯に路線を持つ関東鉄道バスのターミナルでもあった。やがて線路は台地上の山林に入り、16.7/1000の起伏が何カ所も連続する。榎本駅は途中駅のなかでは最も広い構内を有し、3本の長い貨物側線が本線と並んでいた。台地を下れば上路プレートガーダ2連の巴川橋梁を渡って、水田の中を関東の駅百選にも選ばれた鉾田駅に到達する。1線行止まりの両側にホームがあり、駅舎側が乗車用、反対側を降車ホームとしていた。これは朝夕の混雑が激しかった1964（昭和39）年2月に片側を増設した半世紀前の盛業の遺産であった。また当駅の名所案内板には「鹿島神宮　約28km（バス70分）」と記載され、鹿島参宮鉄道以来の果たせぬ夢をここに書き込んでいた。鉾田市内には別に鹿島臨海鉄道新鉾田駅があっても、双方は市街地を挟み1.5kmほどの距離があった。大貫と結ぶ762mm軌間の鹿島軌道鉾田駅も昭和5年6月まで営業したが、かなリ離れて急坂を登った台地上に位置していた。

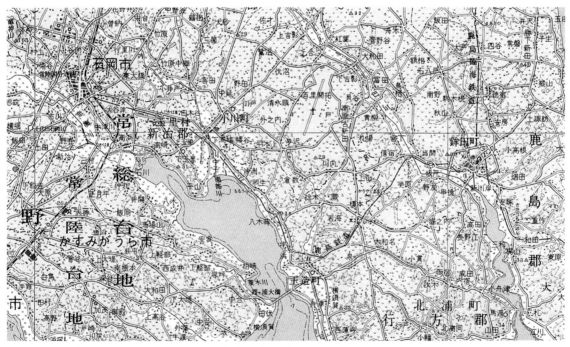

国土地理院発行I：200,000地勢図「水戸」（2005年要部修正・発行）より転載

石岡駅。ホーム上には待合室のほか、改札ラッチや運転事務室などが配されていた。　　　　　　　　　　　　　1973.3.29　P：白土貞夫

石岡機関区の事務所。　　　　　　　　2006.8.12　P：白土貞夫

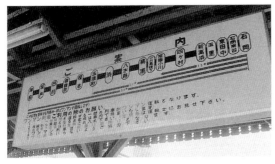

石岡駅ホームに設置された所要時間の案内板。
　　　　　　　　　　　　　　　1990.7.15　P：白土貞夫

石岡を発車直後に渡った山王川橋梁。橋桁には「日本橋梁」の大きな銘板が付いていた。　　　　1993.3.21　石岡付近　P：中川浩一

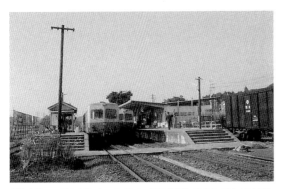

常陸小川での列車交換。キハ714とキハ712、側線に見えるのはスム1002。
　　　　　　　　　　　　　　　1976.11.3　P：中川浩一

開業時に桃の木を植え遊園地を造成したことからその名が付いた桃浦駅。　　　　　　　　　　　　　1976.11.3　P：中川浩一

ホーム側から見た撤去前の浜駅舎。　　1976.11.3　P：中川浩一

晩年は「関東の駅百選」にも選定されていた鉾田駅舎は2代目の建物。
　　　　　　　　　　　　　　　2006.10.20　P：白土貞夫

■ベルトとプーリで動力を伝えた石岡機関区付属工場　　　　　　　　堤　一郎

　85年の長い歴史を閉じた鹿島鉄道を、私が初めて訪問したのは、1969（昭和44）年10月であった。当時は関東鉄道鉾田線を名乗り、石岡駅構内にはクラウス製のCタンクや東京横浜電鉄が出自の流線型気動車、戦災省電改造客車、二軸貨車などが留置されていたことを、昨日のように思い出す。

　その当時から「石岡機関区」の看板が掛かる木造二階建ての機関区事務所には、車輌補修を行う付属工場が平屋で併設され、その脇の検修庫には点検用ピットと門形ホイストが設置されていた。この付属工場内部は出入口付近が工具置場と鍛造職場、奥は機械加工職場、鍛造職場では旧暦11月8日に鞴（ふいご）祭リを行うと知らされた。工作機械の配置は手前右手が形削リ盤、隣が枝型ボール盤、そして左奥が汎用旋盤（京成電鉄津田沼工場からの発生品）で、これら三台の工作機械によって車輌用部品のほとんどは加工できた。だが車輪踏面削正のような大がかりな作業は関東鉄道水海道工場に依頼し、同所の大型車輪旋盤で加工された。形削リ盤と枝型ボール盤は電動機を持たず、工場建屋の梁上に置かれた一台の小型交流電動機（東京芝浦電気製、出力不明）からカウンタシャフトを経て、ベルトとプーリによって動力供給がなされていた。汎用旋盤設置

石岡駅跨線橋から見た貨物が多く活気溢れていた時代の構内。　　　　　　　　1961.11.16　P：白土貞夫

石岡機関区付属工場全景。
　　1990.9.14　P：堤　一郎

以前には古典的な英式旋盤があり、それに動力を伝達するためのプーリもカウンタシャフトには残っていた。ヨーロッパ各地に保存される産業遺産を訪ねると、水車などの動力をベルトとプーリ（または太い軸やそれに直接彫られた溝）を巧みに使い、建屋内に置かれた機械群へ伝達する姿を目にするが、これはヨーロッパ

建物梁上に設置された東京芝浦電気製電動機と動力伝達機構。
　　　　　　　　　　　　1990.9.14　P：堤　一郎

工場の内部。電動機とカウンタシャフト、工作機械の配置がわかる。
　　　　　　　　　　　　1988.10.1　P：堤　一郎

中世以降の伝統的な方式で、石岡機関区付属工場での動力伝達機構のルーツであった。

　ベルトとプーリによる動力伝達機構は、日本でも地方鉄道の工場で、かってはよく見られた。鉄道工場だけでなく1960年代までの町工場では、この動力伝達機構が一般的で、日本工業大学工業技術博物館では動態保存されている。近年は地方鉄道自体が減少して、貴重な産業遺産になったけれど、小湊鐵道、上毛電気鉄道などではまだ現役である。車輪踏面の削正や補修部品の加工は安全管理上不可欠で、自社の工作機械が経年変化で精度低下をきたしても、長年培った技でこれを補い、加工作業を続けてきたが、現場熟練技能者の退職も作用して、部品加工を外注せざるを得なくなっている。現代の数値制御工作機械は、プログラムどおりの加工作業を短時間でいとも簡単にやってのけるため、精度低下をきたした在来型工作機械は、どこの地方鉄道でも早晩スクラップの運命にある。

　しかし鹿島鉄道石岡機関区付属工場には、最後までこの愛すべきベルトとプーリによる動力伝達機構と古典的な工作機械が残っていた。それゆえ在りし日の姿を卒業研究の学生達が現地で実測した数値とあわせて、写真とともにここに紹介しよう。

■実測した数値の一例
床面から電動機主軸中心までの高さ：2.93m
電動機・カウンタシャフト軸中心間距離：2.37m
カウンタシャフト支持両端軸受け中心間距離：3.55m
床面から同軸中心までの高さ：2.73m
同大型プーリ直径：0.66m
変速装置プーリ直径：
　　クラッチ部は0.36mのものが2個並列（右側プーリのみ軸に固定）、変速機部は4段でプーリ直径は順に0.17・0.23・0.29・0.35m（工作機械側のプーリ直径はこの逆に並ぶ）
ベルト：平ベルト，幅は0.07m.

鉾田線蒸機の中で、最後まで残ったのはクラウス製の4号機であった。
この日はファンの貸し切りで貨車とキハ201を連結した混合列車を牽き
Good Old daysを再現させた。　　　　　1963.9.21　P：高井薫平

鹿島参宮鉄道～戦前・戦中期の車輌

（1）蒸気機関車

1・2号

　鹿島参宮鉄道が開業に際して準備した機関車である。1923（大正12）年12月20日設計認可を得たコッペル製のC型機、竣功図表による製造年月は大正13年2月、製番は1号が10580、2号が10613と離れるのはメーカーでのストックが原因であろう。国鉄1045号（形式1045）となった新宮鉄道5号とはまったくの同型である。1937（昭和12）年12月1日廃車届、その後は日本カーバイド工業魚津工場に転出し、番号もそのままで引き続き使用された。ただし車籍は富山地方鉄道にあり、鉄道統計記載の「富山地方鉄道蒸機2輌」がそれに該当する。1969（昭和44）年に役目を終わった後は1号が魚津市村木小学校、2号は滑川市行田公園児童館でそれぞれ静態保存されており、状態も良好である。

3・4号

　玉造町延長直後の1928（昭和3）年3月8日譲受使用認可によって国鉄から1403・1412号（形式1400）の払い下げを受けた。九州鉄道から国鉄へ編入のクラウス製のC型タンクで、製造は3号が1895（明治28）年、製番は3280であり、4号は1897（明治30）年、製番3332である。入線に際しては国鉄小倉工場に入場し整備されているから、それまで九州各線で使われてきたのであろう。

　鹿島参宮鉄道では走って速く、牽いて強い優れた性能を発揮し、長く使用された。4号は酷使が祟り、終戦直後にシリンダーを破損して稼動不能となったが、同時期に常磐線内原に集められていた国鉄廃車機関車群のなかに同型車を見付け、それからシリンダーを貰って再生している。同型機の番号はハッキリしないが、『機関車』通信版に1440号が内原に放置されているとの報告があることと、4号の走行部から1440の刻印を中川が発見しているので、1440号（形式1440）と考えて差し支えないだろう。3号は1963（昭和38）年10月廃車後に解体されたが、1971（昭和46）年10月6日廃車の4号は長く石岡機関区に留置され、さらに千葉県浦安市オリエンタルランド（ディズニーランドの経営会社）用地に5号とともに運ばれて保管、現在は栃木県壬生町所在のトミーテック本社構内に静態保存されている。

日本カーバイド工業魚津工場2号機　鹿島参宮鉄道開業時の2号機である。1924年ドイツ・コッペル製で、1937年廃車後に1号機とともに日本カーバイドへ譲渡された。

1955.5.2　P：瀬古龍雄

4号機　九州鉄道が購入したドイツ・クラウス製蒸機。国鉄買収を経て1928年に転入。鉾田線の蒸気機関車としては最後まで車籍を残した。

1963.4　石岡　P：中西進一郎

国鉄からの貨車を引き継ぎ、石岡で発車を待つ4号牽引の貨物列車。

1963.4　P：中西進一郎

3号機　4号と同型機、もと国鉄1403号。1963年に廃車解体された。

1961.11.16　P：白土貞夫

5号機　旧東武鉄道58号で、1939年に譲受けたが、1951年には竜ヶ崎線に転出。

1969.4.29　竜ヶ崎　P：白土貞夫

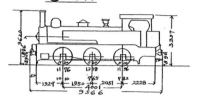

機関車竣功圖表

六輪聯結 タンク 機関車
3 (4)

鹿島参宮鐵道

汽筒径及衝程　　直径 379 衝程 440
實用最高汽壓　　11.3㎏口種
火床面積　　　　1.10平方米
傳熱面積　　　　7.78平方米
　煙管面積　　　71.3平方米
　火面積　　　　6.5平方米
過熱面積　　　　ナシ
運轉整備トキ機関車重量　35.90瓲
運轉整備トキ動輪上重量　35.90瓲
空車トキ機関車重量　　　25.57瓲
水槽容量　　　　5670㌔5.7立方米
燃料堆容量　　　1.6.5瓲

最大寸法(長×幅×高)956㎏×2520㎏×3620㎏
煙管(径×長×數) 45㎏×3699㎏×138本
過熱管(径×長×數) ナシ
車軸(径×長)　ジャーナル　　ホヰールシート
　動輪軸 143㎏×183㎏　145㎏×1419—1120㎏
　従輪軸
制動機ノ種類　　蒸氣及手用
聯結機ノ種類　　自動連結器

製造所名	製造年月	代價	前所有者名	旧番號	記事
ドイツ クラウス会社	明治29-30年			1400	

3・4号機車輌竣功図表

形式記号 6

車両竣功圖表
四輪連結タンク機関車
番号 6

関東鉄道株式会社

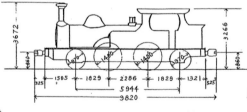

車輪
　　　　径×巾×厚
先輪　970×135×78
動輪　1400×135×80
従輪　970×135×78
最高速度----80粁
1時間45粁速度ニテ7000㎏勾配ヲ昇ルトキ計算上ノ
牽引シウベキ重量----174.30トン

汽筒径及行程-----368×508
使用壓力-----10.0㎏/cm2
火格子面積-----1.21 m2
全伝熱面積-----67.3
岳水容量-----2.6 m3
小煙管(径×長×数)---45×3050×166

車軸(径×長)ジャーナル　　ホヰールフィット
先輪軸-123×216　153×155
動輪軸-159×178　190×156
従輪軸-125×216　153×155
制動機ノ種類----空気制動機(単式)及手用制動機
連結器ノ種類----自連シャロン式

最大寸法(長×巾×高)9820×2286×3672
重量(運轉整備)---39.71 トン
　(空車)---31.64
水槽容量-----4.5 m3
燃料積載量---0.84 トン

製造所名	製造年月	前所有者	代價	旧番号	記事
英國,ナスミスウヰルソン	明治30年	鉄道省		877号	

6号機車輌竣功図表

5号

　1939（昭和14）年6月15日譲受使用認可により、東武鉄道58号を譲受けた。理由は〝貨物激増ノタメ〟と申請書に記載され、東武以前は宇都宮石材軌道2号であった。1921（大正10）年日本車輌製のC1型タンクで、製番は40である。同メーカーの製品で従輪付は他に例がない。1951（昭和26）年7月16日車輌使用線区変更認可を得て、竜ヶ崎線へ転出したが、ファンの間では移動後の「竜ヶ崎の5号」として知られている。1971（昭和46）年10月6日廃車後は4号と同一コースを経て現在は東武鉄道おもちゃのまち駅前に保存展示中である。

6号

　〝社有機関車大修繕ノタメ〟1940（昭和15）年12月11日借入認可で、使用開始の国鉄877号（形式870）である。当初3カ月間の借入予定が次々と延伸されて、結局は1942（昭和17）年6月14日譲受認可により、正式に払い下げられたナスミスウイルソン1897（明治30）年製の1B1型タンク機関車。ベルペア火室を備えている。ガソリンカーが稼動不能に陥って、蒸気機関車で全列車を運行するには、従来在籍の3輌では運用が苦しく増備せざるを得なかったのであろう。戦中戦後の混乱期に活躍し、最後は鉾田線の貨物列車を4号と交替で引いていた。1966（昭和41）年4月25日廃車届、その後に解体された。

S310号

　川崎車輌製のC形タンク機関車S310号を日本製鉄広畑製鉄所から借入れ、1946（昭和21）年4月12日から1年間の予定で使用した。手続きは遅れて同年7月29日認可である。もっぱら石岡駅構内の入換に従事し、借入期間満了後の翌年7月に東濃鉄道へ向けて回送された。

イギリス・ナスミスウイルソン製6号機の後姿。
1954.11.2　石岡　P：青木栄一

6号機　旧国鉄877号で、借り入れ中にそのまま払い下げを受けた。右端に見えるのはハフ30の廃車体。　　　　1953.4.19　石岡　P：中川浩一

（2）内燃機関車
D1001

　1937（昭和12）年3月16日設計認可により、同年6月日本車輌支店で製造した軸配置B、形態はL型のディーゼル機関車で、70kWの池貝ディーゼルエンジン6-HSD12を積んでいた。戦前の地方鉄道向としては、成田鉄道D1001と僅か2例しかない国産ディーゼル機関車黎明期の製品である。動力合理化を図って購入し

日本ニッケル鉄道D1001　鹿島参宮鉄道から戦後譲受けて、同番号で使用した。国産ディーゼル機関車としては最初期の製品である。
1959.4.17　若泉　P：高井薫平

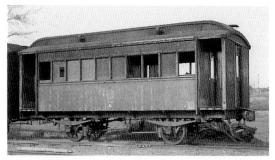

ハフ6　開業時に二・三等合造車として用意されたが、監督官庁の意向で三等車としてデビュー。本来の車種での使用は短期間に終わっている。客室内に仕切りが見える。　　　　　　　　1955.3.29　石岡　P：湯口　徹

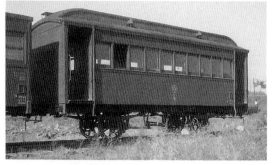

ハフ5　ハフ6と同じ経歴をたどった旧二・三等合造車。1959年に廃車された。　　　　　　　　　　　　　1954.11.2　石岡　P：青木栄一

たものの入線直後に日中戦争が始まって輸送量が増大し、非力しかもエンジンも使い慣れないために持て余し気味なところへ液体燃料が欠乏し、殆ど稼動の機会はなかったという。入線した昭和12年度の走行距離が204kmと記録されているが、これは石岡～鉾田間3往復半の数値に過ぎず、ブレーキシュウも戦後まで製造時のままであったというから、いかに使われなかったかの証しとなろう。休車状態のまま戦後を迎え、1952（昭和27）年2月に日本ニッケル鉄道（のちの上武鉄道）へ売却された。

（3）客車
ハ5・6→ロハ5・6　ハ10～13

　鹿島参宮鉄道開業時の客車は6輌、すべて新車であった。1924（大正13）年6月3日設計認可により日本車輌東京支店で製造した客車は、両端オープンデッキの間に側窓10個、ダブルルーフの当時の標準的な私鉄向木造単車である。欠番のハ1～4が最初から存在しなかったことは、開業直前に実施の監督官庁竣功監査や鉄道統計の輌数表からも確認できる。この番号は機関車に充当されたと考えられる。

　ハ10～14の車内はクロスシートであったが、ハ5・6は当初二・三等合造客車としての使用を予定しており、車内も中間に仕切りを設け、二等室はロングシート、三等室はクロスシートが設備されていた。ところが監督官庁から〝単級制度ヲ可ト認ムル〟と条件付で認可されたため、既に完成済みの車輌の二等室側に急拠つり革を設けるなどして三等車に改め使用した。その後の大船津航路開設時に〝鹿島神社ニハ貴顕ノ来往頻繁ト相成ベク予定致シ居リ候ニ付弊社線列車ニ対シ二等車新設致度〟と届出て、ハ5・6→ロハ5・6に改め、定員も40人を二等8人、三等24人に変更した。しかし二等旅客僅少のため1929（昭和4）年4月5日届、同月20日から二等旅客の取扱を廃止、再びハ5・6に戻っている。つまり二等車としての運行は僅か3年間で終わったのだが、仕切りはそのまま最後まで残された。

　1942（昭和17）年1月21日設計変更認可でハ10～13が、続いて1945（昭和20）年2月23日認可によりロハ5・6が手ブレーキ付に改造されて全車ハ→ハフに変更、また1948（昭和23）年頃までに全部ロングシートに変わったが、1949（昭和24）年4月ハフ6の休車をトップに使用される機会が少なくなり、竜ヶ崎線に移動したハフ10・11を除き1959（昭和34）年2月1日一斉に廃車となる。また、ハフ12との重複を避けるため、竜ヶ崎線（キハ12→）ハフ12をハフ15に改番している。

ハフ12　開業時に用意された2軸三等客車4輌中の1輌。当初、車内はクロスシートであった。　　　　　1954.11.2　石岡　P：青木栄一

ハフ30・35

　浜延長前の1926（大正15）年5月24日設計認可により増備した多ドア区分室タイプの木造単車である。身元は〝本客車ハ元御省ニ於テ使用ノモノヲ〟前所有者の古河鉱業が綴（現内郷）駅から分岐の専用線で使用していたと申請書に記載されているから、古河の旧番号ハフ3043・3044はそのまま国鉄番号を引き継いだのであろう。廃車は1935（昭和10）年3月1日付だが、戦後まで石岡に放置されていたハフ30の廃車体には「IMPERIAL GOVERNMENT KOBE 1882 RAILWAY BUILDERS」の銘板が残っていたのを中川が確認している。鉄道友の会東京支部客貨車部会編『二軸客車台帳』によれば、1923（大正12）年3月鉄道省車輌台帳から削除のハフ3043Ⅱ・3044Ⅱ（形式2656）は、神戸工場製とすれば鉄道作業局ハ2024形（番号不明）をフハ3096Ⅱ・3149Ⅱ（形式3096）に1916（大正5）年8月改造しており、これの再改番であろう。

ハフ20

　段落型ダブル屋根、両端オープンデッキ式の木造単車である。ハ21とともに紀勢中線（国鉄買収前は新宮鉄道）から転入というのが定説だが、実は両車とも1942（昭和17）年7月27日付けで国鉄から寿都鉄道へ一旦払い下げられている。しかし同鉄道では使用見込みがなく、同年9月30日付けで鹿島参宮鉄道へ転売した。前身は新宮鉄道ハ21、同鉄道はねじ式連結器を使用していたことで有名だが、1943（昭和18）年6月11日付変更申請には〝自動連結器取付ナク且ツ台枠ニモ一部改造ヲ要ス〟とあるうえに払下げから売却までが短期間なので、現車が甲種輸送で実際に津軽海峡を二

ハフ10　ハフ12と同じく2軸三等客車。後に竜ヶ崎線へ移動した。
　　　　　　　　　　　　　1954.11.2　石岡　P：青木栄一

ハフ20　国鉄紀勢中線（旧新宮鉄道）から転入したと考えられる客車。1951年に竜ヶ崎線に移動した。　　1955.3.30　竜ヶ崎　P：湯口　徹

度も渡ったとは考えられず、書類上での操作であろう。竣功図表の製造所は日本車輌東京支店、製造年は記載がなく、新宮鉄道以前は「明治34年東京車輌製作所製、旧上武（現秩父）鉄道の客車」と中川は考証した。1951（昭和26）年1月22日付で竜ヶ崎線へ転じている。

ハ21

国鉄／JR電車の始祖として名高い甲武電車の後身である。電動客車としてのデーターは定員53人、自重11.5トン、両運転台式で50馬力モーター2個付である。経歴はかなり複雑で沢柳健一、高砂雍郎編『旧型国電車両台帳院電編』によれば、1906（明治39）年甲武鉄道飯田町工場製、甲武ハ20（1906／明治39年）→国鉄デ976（1910／明治43年）→佐久ハ6（1915／大正4年）→ハ3（1920／大正9年）→新宮ハ16（1926／大正15年）→ハ26→国鉄ハ26（1934／昭和9年）→鹿島参宮ハ21、ただし書類上は前記のように鹿島参宮の前に寿都が加わることになる。竣功図記載の製造年、製造所は昭和18年7月15日、日本車輌東京支店とされている。

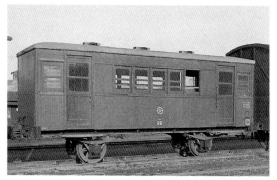

ハ22　旧五戸鉄道ハ12だが、火災のため車体を焼失し、写真のような車体を新造した。
1955.3.30　竜ヶ崎　P：湯口　徹

鹿島参宮での状態は段落形ダブル屋根からは天井の明り窓を失い、オーブンデッキ式前面の張出窓も撤去され、ブリル21E台車は固定軸距を3,048mmから3,962mmに延長して、原形をかなり損なっていた。しかし、側柱には甲の字を六個配した甲武の社紋を残すなど、明治の電車の香リは充分残していた。1955（昭和30）年12月27日廃車解体された。

ハ22

太平洋戦争中は兵員輸送や一般乗客の増加により、輸送力増強を図るため単車型木造客車ハ20形4輌を増備した。新宮鉄道からの2輌と合わせて五戸鉄道（のちの南部鉄道）から1943（昭和18）年12月10日譲渡認可で2輌を譲受けている。ハ22の旧番は五戸ハ12、公式には1929（昭和4）年8月小島栄次郎製であるが、この客車の軸箱には「IGR MAKER KOBE 1884」とあって、東海道線を走った官設鉄道客車の成れの果てと考えられよう。ただし青木栄一氏によれば1884（明治17）年当時、神戸工場で製造された客車の軸距は11′～6″および12′～0″に限られ、12′～6″（3,810mm）に拡大したものが官設鉄道に出現するのは1887（明治20）年以降とされているので、ハ22の竣功図表の軸距3,820mmがどの程度正確な数値なのか、しかも形態の相違するハ23の主要寸法も車体高を除き一致しているので、ますます疑問が生じてくる。1945（昭和20）年3月26

ハ21　国鉄・JR電車の始祖。側窓上部の明かり窓も撤去され、台車の軸距は延長されていた。
1951.11.3　石岡　P：伊藤　昭（伊藤威信所蔵）

日鉾田駅構内で火災により車体を全焼したため、1945（昭和20）年6月三和車輌の手で、車体を新造しているが、原形とはかなり相違した姿に変身した。ハ23と同一日付で廃車解体された。

ハ23

ハ22と同一認可で譲受けた五戸鉄道ハ11である。竣功図には昭和4年8月小島栄次郎製造とあるが、明治調の古典味豊かな客車が昭和生まれの筈はなく、台枠と車内には「東京車輌製作所　東京市深川区　田中久重」の銘板があり、さらに車内は仕切られて、ロ1という標記も透視できたことを青木栄一氏が確認されているので、当初の所有者は不明だが二等または二・三等車であったと推測できる。車輌ブローカーとして著名な小島がどこかの中古車輌を五戸へ売り込んだのであろう。1955（昭和30）年12月27日廃車解体された。

ハ23　ハ22と同時に入線した旧五戸鉄道ハ11。明治そのままの姿だが、書類上は昭和生まれであった。　1954.11.2　石岡　P：青木栄一

（4）内燃動車
キハ101　キハ102→ハフ102　キハ103

経営合理化を図って大正末期から昭和戦前には多くの鉄道が競ってガソリンカーを採用した。茨城県下でも村松軌道以外の非電化私鉄はすべて使用したが、トップを切ったのは1922（大正11）年の鹿島軌道での単端式1（四輪車）である。

鹿島参宮鉄道では1930（昭和5）年9月6日に瓦斯倫動力併用認可を得て、同年12月2日設計認可によりキハ101〜103を日本車輌東京支店で新造した。半鋼製の鈍重で丈夫なスタイルが特徴の同メーカー初期の製品である。一挙に3輌も投入したのは旅客列車をすべてガソリンカーに置換えるとともに自動連結器が装着され、客車代用として蒸気機関車で牽引することも想定されている。同時期には5停留場を新設し、集客にも努めた。

1941（昭和16）年8月19日設計変更認可により、重

▲キハ101　1930年日車支店製のガソリンカー。晩年はエンジンが撤去され、たて桟が入れられた窓もガラスが一部欠損している。
1955.3.29　石岡　P：湯口　徹

▶キハ103　竜ヶ崎線転出後の姿。頑丈そうな車体をもつこの車輌は、ガソリンカーのまま生涯を全うした。　1962.5.22　竜ヶ崎
P：白土貞夫

量軽減を図って、自動連結器を簡易連結器に変更し、1942（昭和17）年11月12日設計変更認可により小田式代燃ガス発生炉をキハ101・102に取り付けて自重9.6→10.27トンに変更、1946（昭和21）年3月4日竣功届によって3輛は再び自動連結器付に改造した。こぼれるほど満員の買出客に対応するため、客車代用として使用される機会も多く、連結器強化策が必要であったと思われる。

　その後、機関を撤去したキハ101は荒廃したまま1959（昭和34）年2月1日廃車解体。キハ102は1955（昭和30）年に機関を撤去しハフ102として竜ヶ崎線へ転出、キハ103は1951（昭和26）年1月12日付でやはり竜ヶ崎線へ転出したが、こちらはウォーケッシャのガソリンエンジンを最後まで搭載し、自力での走行に役立てた。

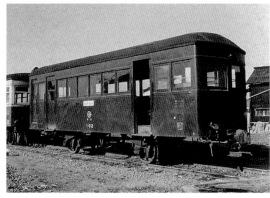

キハ102　エンジンを撤去して竜ヶ崎線に転出したが、車体標記は「キハ」のままである。　　　　　　　　　　1961.11.16　竜ヶ崎　P：白土貞夫

キハ201

　1936（昭和11）年6月に日本車輌東京支店が製造した「びわこ」型と称される特徴あるスタイルの流線型ガソリンカーである。1936（昭和11）年8月18日設計認可で使用開始した鹿島参宮鉄道最初のボギー車であり、以下に説明する客車、内燃客車はすべて半鋼製ボギー車である。車体長が11,300mmと短く、ドアも片側

が1000mm、他方が850mmと相違していたのは、広幅の方を手小荷物積載にも使うこのメーカー特有の設計のひとつである。動力付台車は偏心式である。

　戦後の1950（昭和25）年1月11日付設計変更認可で木炭ガス発生炉を取り付けたが、実際はそれ以前の実行であろう。エンジンをガソリン使用のウォーケッシャ6SRL58.9kWから1956（昭和31）年1月にディーゼルへ換装した。しかし、他の車輛が大型化すると次第に予備的存在になり、1970（昭和45）年8月31日廃車となった。

キハ201　実用本位のキハ101～103とは打って変わった「びわこ」型の流線型が美しい初のボギー車。　　　　　　　　　　　　　1954.11.2　石岡　P：青木栄一

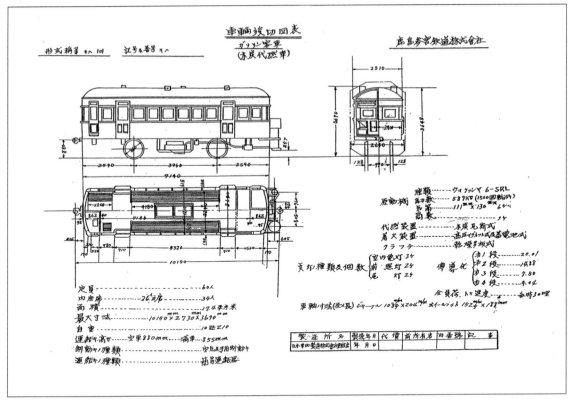

キハ101車輌竣功図表（代燃炉取り付け時）

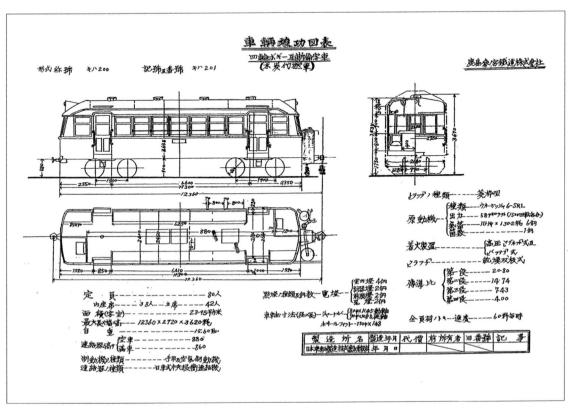

キハ201車輌竣功図表（代燃炉取り付け時）

鹿島参宮鉄道～戦後の車輌

（1）内燃機関車

DC351

比較的遅くまで蒸気機関車を使用した鹿島参宮鉄道に、戦後初めて入線したディーゼル機関車。1958（昭和33）年12月新三菱重工業三原製作所製、製番は1035、車体はL型、軸配置はC型でロッド駆動式である。関東鉄道当時の1969（昭和44）年6月30日付で筑波線へ転出した。

DD451

1964（昭和39）年3月増備の4軸をロッドで結んだD型の凸型ディーゼル機関車である。1959（昭和34）年新三菱重工業製、製番1033、製造時期と購入年月に5年間の開きがあるのは、本機が試作品で新造直後に二度に亘って同和鉱業片上鉄道へ貸与試用されていたためである。同鉄道への納入は結局成功せず、メーカーへ返納されていたものを引き取ったのだが、問題のある機関車を購入した経緯はわからない。あるいは処分を急いだメーカー側のダンピング価格が魅力であったのかもしれない。やはリ他に例のない動輪駆動方式が欠点となり、僅か10年間の在籍で終わった。1974（昭和49）年12月23日付廃車後は、八戸通運へ売却され同番号で使用された。

DC351 鹿島参宮鉄道としてはD1001以来、戦後初めて入線した内燃機関車。約10年で筑波線に転出した。 1962.5.22 石岡 P：白土貞夫

（2）客車

ホハフ401・402

戦時中に常磐線荒川沖駅から分岐していた第一海軍航空廠専用線で使用していた旧国鉄キハユ40900、キハ40307であるが、国鉄籍は1940（昭和15）年12月に離れている。

1934（昭和9）年9月日本車輌製のキハユ40900は、芸備鉄道キハ16→キハユ16を経て国鉄に買収された。軸距は郵便室側の動力付が1,900mmの偏心台車、他方を1,500mmとする台車を用い、当初はウォーケッシャ6RB、105馬力を搭載した。

キハ40307は1931（昭和6）年12月日本車輌製、阿南

DD451 製作当初はメーカーが片上鉄道に貸与したD型機。4軸をロッドで結ぶ独特の構造だった。 1970.2.8 石岡 P：白土貞夫

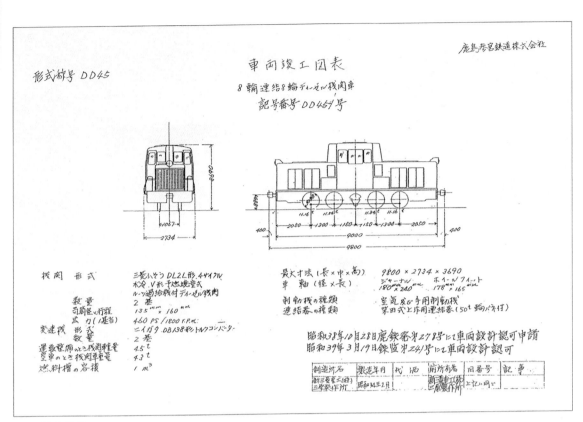

形式称号 DD45

車輛竣工図表

8輪連結8輪ディーゼル機関車
記号番号 DD451号

鹿島参宮鉄道株式会社

機関 形式	三菱ふそうDL2L形.4サイクル水冷.V形予燃焼室式ルーツ過給機付ディーゼル機関
数量	2基
荷筒径×行程	135㎜×160㎜
出力(1基当)	460 PS/1800 R.P.M.
変速機 形式	ニイガタ.DB138形.トルクコンバーター
数量	2基
運転整備のとき機関車重量	45 t
空車のとき機関車重量	43 t
燃料槽の容積	1 m³

最大才法(長×巾×高)	9800×2734×3690
車軸(径×長)	ジャーナル 180㎜×240㎜ ホイールフィット 178㎜×165
制動機の種類	空気及び手用制動機
連結器の種類	柴田式上作用連結器(50t鈎バネ付)

昭和38年10月28日鹿鉄番第278号にて車両設計認可申請
昭和39年3月19日鉄覧第241号にて車両設計認可

製造所名	製造年月	代 価	前所有者	旧番号	記 事
新三菱重工(株)三原製作所	昭和39年2月		新三菱工(株)三原製作所	上記に同じ	

DD451車輛竣功図表

鉄道キハ201から買収後はキハ40510→キハ40307と改番している。機関はブダGL6、88馬力を備えていた。

1947（昭和22）年11月10日付車輛増備申請には、両車は戦災により〝屋根全般側板は弾創ある外、機関部窓枠窓硝子腰掛等はなきため大修繕をなす〟必要がある惨憺たる状態と現状報告されているが、このような荒廃した車輛でも整備して使用しなければならない程、当時の車輛事情は窮迫していたのである。1948（昭和23）年7月20日設計認可により運転台を撤去し、旧キハユ40900の郵便室仕切りは残したままでホハフ401・

402として使用開始した。キハ40307の妻面3枚窓を不揃いな4枚窓に改造した時期は不明である。

1952（昭和27）年9月18日設計変更認可により日本車輛で改造、ガソリンカーとして再起し、ホハフ401→キハ40401は鉾田線で引続き使用され、ホハフ402を改装したキハ40402は竜ヶ崎線で就役した。

（3）内燃動車
キハ42201→キハ651　キハ42202

1935（昭和10）年前後は世界的に流線型が流行し、わが国の鉄道車輛も機関車、高速電車に路面電車までニュールックをまとって登場した。内燃動車も同様でキハ201はその一党だが、東京横浜電鉄（現東京急行電鉄東横線）では、1936（昭和11）年に川崎車輛でキハ1～8を名乗る8輛のガソリンカーを製造した。当時の様子を〝省のキハ42000とは又異なった見るからにスマートな流線型で…リベット数が非常に少ない。前面にウインドシルがなく、窓枠上部が車体側板迄ある事などが大変流線型を活かしている〟（『鉄道趣味』33号、1936年4月）とペンネームを東横キハ1生と名乗る人が評している。全線電化の電鉄が、内燃動車を併用することも注目を浴びたが、加速が遅いため急行専用に使われて、結局は全車が神中鉄道（のちに相模鉄道に

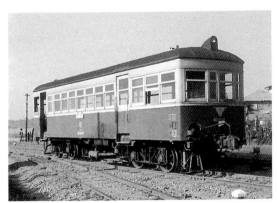

ホハフ402にガソリン機関を搭載し竜ヶ崎線で気動車に復したキハ40402。　1961.11.16　竜ヶ崎　P：白土貞夫

キハ42202 "さゞなみ" 最後まで独特の流線型を留めていた旧東横キハ8。　　　　　　　　　1953.4.19　石岡　P：中川浩一

合併）と五日市鉄道（現JR五日市線）へ売却された。

　このうち、五日市鉄道キハ2・8は南武鉄道を経て国鉄買収後の1951（昭和26）年8月6日設計認可により鹿島参宮鉄道へ払い下げられキハ42201・42202として再起した。入線前に日国工業で整備中を実見された中村夗雄氏は、代燃装置付であったことを確認されているが、既に液体燃料使用規制が半年前に解除されていたのだから、状況変化による対応が遅すぎたといえよう。従来の車輛番号体系に従わなかったのは「大きな車に似合わないので奮発した」と石岡機関区長が中川に語ったが、多分当時の国鉄キハの番号を意識した結果であろう。

　相当早い時期からキハ42201は「そよかぜ」、キハ42202が「さゞなみ」と記載の円板を正面に取り付けている。当初の川崎ＫＰ170馬力エンジンは入線時にウォーケッシャＧＫ145、160馬力に吊替え、さらに1955（昭和30）年にディーゼル化している。

　キハ42201は、1967（昭和42）年7月26日設計変更認可により、水海道工場で流線型の両端を切妻型に改造しキハ651となった。他車との連結運転の機会が増加したことと将来は中間車とする構想があり、キハ42202も改造予定と関係者から白土は説明を受けたが、その頃から乗客減少傾向が目立ち始め、実現しなかった。両車ともに1976（昭和51）年7月22日廃車届。

入線前に整備中、代燃炉を取り付けた姿（キハ42201・42202のいずれかは不明）。
1951.5.4　日国工業王子工場　P：中村夗雄

キハ651 切妻化され独特の面持ちとなったキハ42201。全長は流線型時代と不変であった。　1970.2.8　石岡　P：白土貞夫

キハ201を従えて快走するキハ42202。憧れの〝急行用ガソリンカー〟はほぼ往時のままの姿で走っていた。　　1961.11.16　坂戸－鉾田　P：白土貞夫

■東京横浜電鉄キハ１形の思い出

　筆者の一人である白土が鉄道好きになったのは、東京横浜電鉄キハ１形ガソリンカーとの出会いが一つの理由として挙げられる。沿線の反町－東白楽間の高架上にあった新太田町駅（1945年６月20日休止→翌年廃止、遺構は地下化工事で消滅）付近に住んだ３～４歳頃の私は、桜木町や渋谷へ両親に連れられて行くことが多く、キハ１形を見る機会にも恵まれていた。主力であった庇付運転台のモハ510形などの電車がダークグリーンで装っていたのとは違い、クリームと水色の明るい塗り分けと非常にスマートな流線型車体には、鉄道に関しては超早熟であったため、いつも心を奪われていた。しかし、急行専用のため各駅停車しか停まらない新太田町駅では乗車できず、「乗りた～い」と駄々をこねても途中での急行乗換が面倒なのか「また今度」といつも退けられて、乗車する機会がなくて終わった。形式や番号を知ったのは、もちろん後年に趣味誌を読むようになってからの知識である。

　乗車の念願を果たしたのは20年以上も過ぎた後の鹿島参宮鉄道訪問の際であった。鉾田駅でキハ42202をみた時は、昔の記憶が目の前にそのまま蘇ったようで非常に嬉しかった。その時は２輌連結で、各車が相互に警笛の合図により発車する有様や運転士がクラッチを踏み、ギヤーチェンジする度にガクンと衝動があったりして、遅くなったスピードがギヤーを入れると再び

速くなったりする操作が面白く、途中駅で前後に乗り換えたりして、石岡まで全線を座席に座らずに運転台の後ろで頑張った思い出がある。

　この東横キハ１形はキハ１～８の８輌があり、輸送力増強と変電所建設費節約のため増備したと書く『東京急行電鉄50年史』は、入線に先立ち国鉄横浜線で使用中のキハ36900（のちのキハ41000）形を借用して試運転を行ったが、現車は意外にも加速が遅かったと記している。そのうえ燃料統制などが加わって活躍期間は短く、1939（昭和14）年にキハ２・８が五日市鉄道へ売却され、南武鉄道を経て国鉄へ買収後に鹿島参宮鉄道へ譲渡された。

　他の６輌は1939（昭和14）～1940年に神中鉄道へ移り、１輌は事故廃車、相模鉄道で制御車に改造しての最後は日立製作所2503、日立電鉄クハ2501・2502、上田丸子電鉄クハ272・273となった。いずれも側面に面影はあったが、多くは正面を半流線型に改造され、原形を保っていたのは、鹿島参宮の２輌だけであった。日立製作所へ行き改造された客車は職員通勤用で乗りたくても乗れなかったが、三私鉄へは何度も足を運び、これらの電車には乗車の機会にも恵まれたから、幼い日にみた車輌番号は覚えがないが、幼児の胸を躍らした同じ車輌にはキット乗れたと信じている。

（白土貞夫）

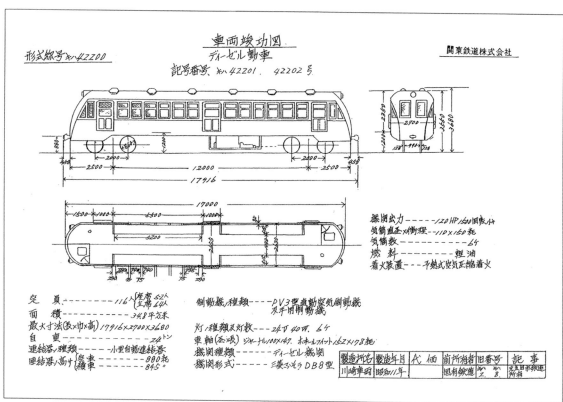

キハ42201・42202車輌竣功図表

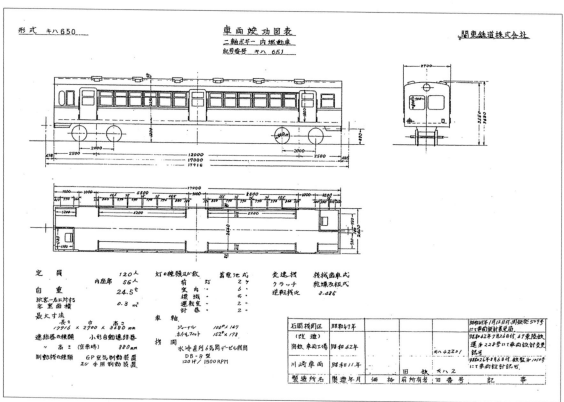

キハ651車輌竣功図表

キハ42202とキハ651、両車が同型車だったとは信じ難い。

1970.2.8 石岡　P：白土貞夫

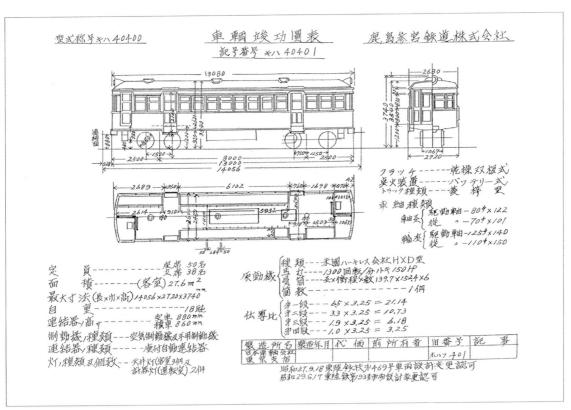

キハ40401車輌竣功図表

キハ40401 〝かすみ〟 ホハフ401にガソリン機関を搭載、気動車に復した。窓・扉配置が不対称で、客用扉は妻側への引戸であった。
1953.4.19 石岡 P:中川浩一

キハ40401

　前述のホハフ401はハーキュレスHXD150馬力エンジンを積んでガソリンカーに復活するが、直後から「かすみ」と名付けられたトレインマークを取り付けていた。同様に改造の僚車キハ40402の愛称名は「みずほ」となった。その後は1954（昭和29）年6月17日変更認可により三菱ふそうDB7Lに換装してディーゼル化されたが、晩年はそれも撤去されトレーラーに戻り、1972（昭和47）年5月8日廃車解体された。

キハ41301・41303

　液体式のキハ17系が各線へ大幅に進出すると、総括制御ができない機械式ディーゼルカーは国鉄から大量に淘汰された。しかし中小民鉄には手頃な車輌であっ

たから、相当数がカムバックした。鹿島参宮鉄道も例外ではなく、3輌の払い下げを受けて、鉾田線へは1934（昭和9）年国鉄大井工場製、旧国鉄キハ04 7のキハ41301が1958（昭和33）年5月に投入されている。しかし、関東鉄道発足前に竜ヶ崎線へ転じ、1965（昭和40）年1月29日付で鉾田線へ戻り、1970（昭和45）年9月にまたも竜ヶ崎線へと頻繁な移動を繰り返している。この間に座席がクロスシートからロングシートに改造されたのは、次のキハ41303も同様である。1976（昭和51）年7月22日廃車解体。

　旧国鉄キハ04 18のキハ41303は1935（昭和10）年国鉄大宮工場製で1962（昭和37）年9月18日設計認可を得ている。当初は竜ヶ崎線へ配置されたが、1971（昭和46）年以前に鉾田線へ移動してキハ41301と同一日付

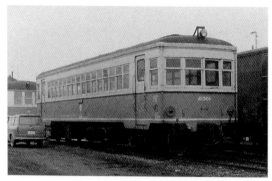

キハ41301 鉾田線へ最初に入線した国鉄キハ04形で旧番号は04 7。竜ヶ崎線との間で転属を繰り返した。 1970.2.8 石岡 P:白土貞夫

キハ41303 鉾田線から転入した旧国鉄キハ04 18。ステーはそのままに前灯が小型化されている。 1970.2.8 石岡 P:白土貞夫

94

▶キハ42502＋42503 元国鉄キ
ハ07 29＋07 26。後部の42503は
後にキハ601となる。
　1971.4.11 石岡 Ｐ：白土貞夫

▼(左)キハ42501 旧国鉄キハ07
30。格子状の排障器が取り付けら
れている。
　1964.1.3 石岡 Ｐ：白土貞夫
▼(右)キハ601 キハ42503に貫
通扉を取り付け折妻に改造した後
の姿。
　1973.3.29 石岡 Ｐ：白土貞夫

で廃車した。なおキハ41302は鉾田線へは入線しなかっ
た。

キハ42501・42502 42503→キハ601

　国鉄からはキハ04系とともにキハ07系もかなりの輌
数が私鉄に放出され、鹿島参宮鉄道へは３輌が払い下
げられた。まず昭和39（1964）年２月18日設計認可で
旧国鉄キハ07 30がキハ42501として登場、続いて同年
11月29日設計認可により旧国鉄キハ07 26がキハ42502
として入線し、さらに1965（昭和40）年３月15日設計
認可を得て旧国鉄キハ07 29がキハ42503として加わっ
た。すべて1936（昭和11）年川崎車輌製の機械式ディ
ーゼルカーである。
　関東鉄道発足後にキハ42501は1967（昭和42）年液体
式に改造、ロングシート化されて、1972（昭和47）年
６月にキハ42502とともに常総線へ転出してキハ615と
改番。キハ42502もほぼ同様な経過でキハ612となった。
　キハ42503は1965（昭和40）年に液体式およびロング
シートに改め、その後は1972（昭和47）年12月に西武
建設所沢工場で、総括制御、乗務員扉増設が施工され

キハ601 貫通扉が埋め込まれた晩年の姿。「昭和11年 川崎車輌」の製
造銘板も残り、現役最古の気動車として人気が高かった。外観からは分
からないが冷房化されていた。 2006.10.20 石岡 Ｐ：白土貞夫

て特徴のあった大きな半円を描く半流６窓の正面を前
照灯２個を備えた折妻貫通扉付３窓に改造、イメージ
を大きく変えてキハ601となるが、さらに1987（昭和62）
年10月にはワンマン化工事とともに貫通扉を埋め込ん
だ。1994（平成６）年には冷房装置を取り付けて、鉾
田線のレールとともに最後の日を迎えたが、側面に往
時の面影が残る現役最古のディーゼルカーとしてファ
ンの間では非常に人気が高かった。

蓮田の向こう、カランカランとロッドの音を響かせてDD901が牽く貨物
列車が行く。

P：名取紀之

DD901　「カバさん」の愛称で親しまれた日車製の試作DL。当初は常総線に配置されていた。　　　　　　　　石岡　P：名取紀之

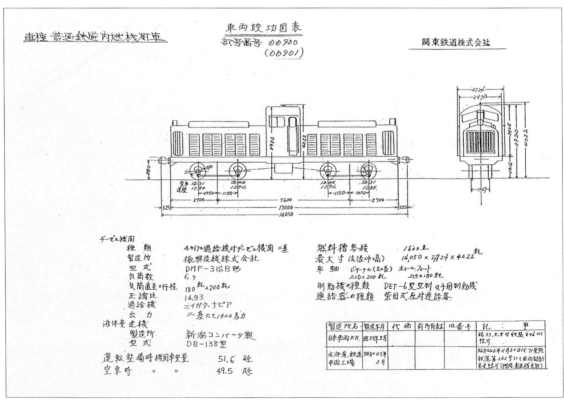

DD901車輌竣功図表

関東鉄道鉾田線時代と鹿島鉄道の増備車輌

1、常総筑波鉄道系の転入車輌
（1）内燃機関車
DD901

1955（昭和30）年日本車輌本店製の凸型B〜B型ディーゼル機関車。製番は1766である。900馬力機関付の試作車として落成し、国鉄が借入れてDD42 1の番号で名古屋機関区に配置、名古屋工場入換や同工場〜名古屋駅間の職員輸送列車に使用していた。国鉄から返還後の1958（昭和33）年8月8日設計認可により、常総筑波鉄道が購入し、常総線の貨物列車をはじめ朝夕の客車列車を牽引していた。そのため竣功図上は昭和33年8月製と記載してある。その後、1974（昭和49）年11月にDD451の代役として鉾田線へ転入し、ジェット燃料輸送初期に活躍した。「カバさん」なる愛称でファンには人気があったが、1988（昭和63）年3月31日廃車された。現車は常陸小川駅構内に廃線直前まで約20年間も静態保存されたが、2007（平成19）年2月27日に解体された。

（2）客車
オハフ801・803

「狸の泥舟」などと酷評された戦災復旧車輌の最後の職場が鉾田線であった。戦火で被災した電車を常総筑波鉄道が譲受け、応急的な修理を加えて1949（昭和24）年から常総線で使用したのがオハ801〜803の3輌である。施工はオハ801から順に関東車輌、日国工業、水海道工場だが、被災程度が最も少ない車輌を自社で、最悪な車輌を日国工業が手掛けたという。

オハフ801　戦災省電改造の客車。車体を叩き直した跡がはっきりと分かる。　　　　　　　　　　　　1970.2.8　石岡　P：白土貞夫

オハフ801の車内。腰掛の背ずりは横羽目の板。妻面に手ブレーキの支柱とレバーが取り付けられている。　　1970.2.8　石岡　P：白土貞夫

オハフ803　戦災省電を水海道工場で復旧改造した客車。写真は常総線時代の姿。　　　　　　　　　　　　　　1961.3.4　取手　P：湯口　徹

キハ83 旧北九州鉄道ジハ50。正面は原形の流線型から2段窓2枚に改造されている。
1970.2.8 石岡 P：白土貞夫

　関東鉄道発足後の1966（昭和41）年9月13日付で、オハフ801・803の2輌が鉾田線へ入線し、通勤列車の増結用として石岡～玉造町間で使用されたが、所詮は車両不足を一時的にカバーするピンチヒッター的な存在に過ぎず、キハ41300形の配置と交替に1970（昭和45）年8月31日廃車届。竣功図上の前身はいずれも国鉄サハ36形（番号不詳）とされているが、中川はその形態からオハフ801をモハ50形偶数車、オハフ803はクハ65

形奇数車と判定した。また、高砂雍郎「被災省電の処理について」（『鉄道史料』41号）ではオハフ803の前身を1945（昭和20）年5月25日新宿で全焼のクハ65189としている。

（3）内燃動車
キハ83

　北九州鉄道のディーゼル動車ジハ50として1935（昭和10）年汽車会社東京支店で生まれ、買収後は国鉄キハ40652、GMF13に換装しキハ40330となったが、1951（昭和26）年12月に常総筑波鉄道が入手し、再度のディーゼル化で常総線に投入した。原形は京阪電気鉄道1000形類似の流線形であったが、転入の翌年12月に宇都宮車輌で正面2枚窓に改造している。鉾田線へは1969（昭和44）年4月15日付で移動したが、目立った活躍はなく1972（昭和47）年5月8日廃車となる。

キハ41004　41005→キハ411
41006→キハ412　キハ41007

　関東鉄道発足により車輌数は貨車を除き68輌に達したが、車輌番号の重複は蒸気機関車4号（鹿島参宮鉄

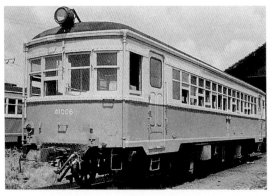

キハ41006 旧国鉄キハ04 24。筑波線からの転入車で、後にキハ412に改造される。
1971.6.2 石岡 P：湯口 徹

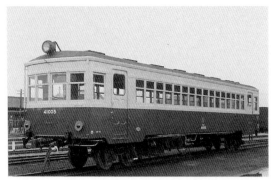

キハ41005 旧国鉄キハ04 10。常総筑波鉄道時代の姿で、仮台車を履いている。
1961.3.4 水海道 P：湯口 徹

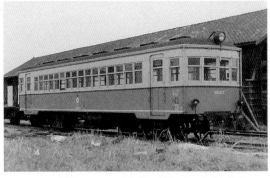

キハ41007 旧国鉄キハ05 47。筑波線から転入したが活躍の場は少なかった。
1973.3.29 石岡 P：白土貞夫

キハ412　キハ41006を片運化し、41005改造411との2輌固定編成とした。乗務員用扉は助士側のみ設置。　　　　　　1973.3.29　石岡　P：白土貞夫

道が龍崎鉄道買収以来の重複で、新会社成立によって生じた結果ではない）以外は皆無であった。そのため改番を実施せず、引続き従来の番号を使用したため、本来同一形式にまとめるべきものが別形式になっていたりして、矛盾もかなり生じたのである。またキハ04系、07系を鉾田線に集中配置する方針から、この時期には他線からの転属が相次いでいる。

　この4輌も関東鉄道鉾田線発足後、1970（昭和45）年以降に他線からの転入車輌である。前身は旧国鉄キハ04形であり、旧番は順にキハ41089、キハ04 10・04 24・05 47である。常総筑波鉄道の番号体系に従ってキハ41000形に付番されたが、機械式で前面4枚窓の外観は鹿島参宮鉄道キハ41300形と同一で、出自は同形式である。両グループとも他形式に改造されたもの以外は他私鉄からの移籍車輌に置換られて、1976（昭和51）

年までに淘汰された。

　キハ41004は常総線から、キハ41007は筑波線からそれぞれ鉾田線へ1973（昭和48）年4月以前に転属したが、1974（昭和49）年末には既に休車状態であり、1976（昭和51）年7月22日廃車。

　キハ41005・41006は1970（昭和45）年12月筑波線から転入後、1972（昭和47）年6月28日変更認可により、西武建設所沢工場において総括制御化とともに片運転台化のうえ前面2枚窓、連結面には貫通扉を設けて、キハ411・412に改番した。以後は単行運転可能な両運転台車が主体の鉾田線所属車輌では、唯一の片運転台車として両車が固定編成を組んだ。1986（昭和61）年3月31日に廃車となり、その後は小美玉市の保育園敷地内にエンジン撤去の状態で保存されたが、現存してはいない。

キハ411　キハ41005改造の片運車。運転席横の窓は1枚窓化されている。　　　　　　1973.3.29　石岡　P：白土貞夫

キハ412の連結面側（廃車後）。貫通扉と大型の手すりを設置されるが、幌はない。　　　　　　1990.7.15　石岡　P：白土貞夫

■〈パンダ号〉とジェット燃料輸送列車のことなど

根本幸男

鹿島鉄道にはユニークな列車がいくつか運転されていた。代表的存在は〈パンダ号〉、そして後年に数多く運転されたイベント列車であろう。

〈パンダ号〉は国鉄12系客車を使用した鉾田〜上野直通乗り入れ団臨で、お客様は上野動物園へ遠足の沿線幼稚園児と母親たち（一部学童を含む）であった。私が初めて撮影に訪問したのは1987（昭和62）年5月。この時はDD13タイプの機関車が重連で12系9輌を牽いて朝と夕方に石岡〜鉾田間を各1往復した。朝は回501レが石岡5時23分発、鉾田6時12分着。玉造町で上り1番列車と交換する以外はノンストップであった。鉾田7時42分発の502レへ団体客を乗せて出発し、石岡8時45分着。夕方はEF81 95の引く常磐線9443レからバトンタッチし、石岡16時48分発、鉾田17時54分着であった。翌年は機関車が単機牽引で客車は6輌に減少し、これが〈パンダ号〉最後の運転となった。私が訪れる前年には機関車がDD13とDD901の重連で客車10輌編成だったけれど、このときは仕事が多忙で撮影を逃してしまった。〈パンダ号〉がいつから走ったのか定かでないが、1980（昭和55）年には、DD901牽引の12系11輌編成で走った記録が残されている。これは1067mm軌間の全国地方私鉄での客車列車としては、最長編成列車ではなかったかと思われる。

ジェット燃料輸送列車は航空自衛隊百里基地へのタンカー列車であり、石岡から榎本までの運転だが、2001（平成13）年に休止、翌年廃止された。パイプラインの老朽化に伴うタンクローリートラックへの転換が理由とされているが、これによって鹿島鉄道は大きな収入源を失うこととなり、やがて廃線へ結びつくことになった。鹿島鉄道における貨物のスジは、1970年代には1日3往復（石岡〜鉾田2往復、石岡〜榎本1往復）設定されていたが、80年代になって榎本までタンカー専用2往復に短縮されていた。タンカー列車は概ね6輌編成だが、その日の輸送量によって編成輌数や使用ダイヤが異なった。

鹿島鉄道の歴史のなかで栄えある列車として特筆したいのは、1986（昭和61）年9月24日運転の皇太子殿下（現在の天皇陛下）ご乗用列車で、玉造町←キハ713＋712の編成で運転された。当日、皇太子殿下は石岡から玉造町までキハ712に片道乗車されたが、とくに装飾などはなかった。帰りの回送列車にはキハ711が加わって、旧三井芦別からの転入車3連がみられたが、当時はいずれもクロスシートであった。

後年のイベント列車は「カシノリ」や「鉄道の日」など、鉄道存続支援を含めて大変な数に上るけれど、記憶に新しいから省略することに致したい。

12系9輌で運転された1987年の〈パンダ号〉。牽引はDD902とDD13171で、共に運転士が乗務する。　　　　　1987.5.29　巴川―借宿前　P：根本幸男

102

2、関東鉄道発足後の就役車輌
（1）内燃機関車
DD902

　一時は非常に落ち込んでいた鉾田線の貨物輸送が上向いたのは、ジェット燃料輸送の開始によるものだが、そのスタートに先立ち、1968（昭和43）年日本車輌製、製番2697、2個エンジン搭載の凸型B～B型ディーゼル機関車が加わった。国鉄DD13形の第7～19次型に準じた仕様だが、台車などは多少の差があった。関東鉄道発足から鹿島鉄道分離までの14年間に同社が新造した唯一の車輌でもある。後述の2輌とともにDD13トリオが、貨物輸送を支えていた。鉾田線廃止直前の2007（平成19）年2月に無番号（車籍なし、1978年協三工業製）のBL形ディーゼル機関車とともに日鋼運輸（日本製鋼所室蘭製作所）へ譲渡された。

（2）内燃動車
キハ42504→キハ602

　1937（昭和12）年国鉄大宮工場製、旧国鉄キハ07 32を1966（昭和41）年10月29日設計認可により譲受けたディーゼルカーである。関東鉄道発足後の入線だが、鉾田線の同形車輌に続く追番となった。1972（昭和47）年12月25日変更認可により西武建設所沢工場でキハ

DD902　DD13に準じた仕様だが、台車側面にエアタンクが無いことが目立つ相違点。　　　　　　　　1971.4.11　石岡　P：白土貞夫

42503と同様な改造を施工、キハ602と改番した。以後はキハ601と同様な経過をたどって、営業廃止の日を迎えている。当線では、キハ601とともに最も大型であり、朝は2連で出動する場合が多かった。

キハ431・432

　地方非電化私鉄の廃業が相次いだ1968（昭和43）～1976（昭和51）年に関東鉄道は、雄別鉄道、夕張鉄道、三井芦別鉄道、加越能鉄道、北陸鉄道能登線、江若鉄道および気動車による国鉄直通を取りやめた小田急電鉄、南海電気鉄道から中古ディーゼルカーを大量に購

▲（左）キハ42504　旧国鉄キハ07 32。
　1971.6.2　石岡　P：湯口　徹

▲（右）キハ602　左の写真のキハ42504を改造。すでに貫通扉は埋め込まれた後の姿だが、手すりはまだ残っている。
　1990.7.15　石岡　P：白土貞夫

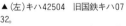

▶加越能鉄道から水海道へ到着した譲渡車群。先頭のキハ125・126はこの後、鉾田線へ回送されキハ431・432となる。
　　　　1973.3.29　水海道
　　　　　　P：白土貞夫

▶ キハ431 旧加越能鉄道キハ
431。東武鉄道熊谷線のキハ2000
形とは兄弟的な存在であった。
1990.12.10 石岡
P：名取紀之

▼キハ432 旧加越能鉄道キハ
432。
1990.7.15 石岡 P：白土貞夫

入した。大半が戦後製で比較的車齢も若く、自社線使
用には手頃な車輌が多かったのであろう。

鉾田線へは、そのうち7輌が投入された。キハ431・
432は1957（昭和32）年東急車輌製、旧加越能鉄道キハ
125・126である。1973（昭和48）年3月20日譲受認可
で入線、前面2枚窓の湘南スタイルは、東武鉄道キハ
2000形と同系であるが、こちらは当初からロングシー
トであった。客用扉が運転台に近い窓配置が幸いして、
1986（昭和61）年に鹿島鉄道で最初のワンマン仕様に
改造され、小柄で使い易かったのか両車ともに廃線ま
で走り続けたが、最後まで非冷房のままであった。

キハ711〜713

3輌ともに1956（昭和31）年新潟鐵工所製、旧三井
芦別鉄道キハ101〜103であり、同鉄道のディーゼルカ
ーは、この3輌が在籍したすべてであった。正面2枚
窓の湘南スタイルや窓配置はキハ714と酷似しており、
主要寸法も同じである。発注元は違うがメーカーが同

一図面を転用して製造の可能性もある。1972（昭和47）
年8月30日譲受認可で投入された。ＫＲ501と交替にキ
ハ713は1991（平成3）年12月31日付で廃車、キハ711・
712はＫＲ502・503の代わりに1992（平成4）年12月31
日付で廃車された。

キハ714・715

夕張鉄道から譲受けた車輌。キハ714は1953（昭和28）
年新潟鐵工所製、旧番号はキハ251で、国鉄車輌よりも
早く北海道内最初の液体式ディーゼルカーであった。
キハ715は1956（昭和31）年新潟鐵工所製、旧番はキハ
254である。正面は湘南スタイルの同系車だが、側面は
車内の転換クロスシート部分の客扉間の窓数が相違し
ており、同鉄道では形式が相違していた。これは製造
当初のキハ714がクロスシート（後に転換式に改造）で
あったためである。

1976（昭和51）年1月16日譲受認可で鉾田線に登場
して、当初は転換クロスシートのまま使用、車内をロ
ングシートに変更した後の1978（昭和53）年11月17日
付変更届によりキハ715が、1980（昭和55）年8月19日

夕張時代そのままの転換クロスシートだった当時のキハ714車内。
1976.11.3 P：中川浩一

キハ712　旧三井芦別鉄道キハ102。キハ714より製造は後年だが、鉾田線では入線順に付番されたため番号が先になっている。

1973.3.29　石岡　P：白土貞夫

キハ711　旧三井芦別鉄道キハ101。キハ712とともに1992年末に廃車となった。

1993.3.21　石岡　P：中川浩一

キハ713　旧三井芦別鉄道キハ103。北海道からの転入車のなかでは最も早く1991年末に廃車。

1971.3.29　石岡　P：白土貞夫

キハ714　旧夕張鉄道キハ251。鉾田線への譲渡車の入線は、気動車では714・715が最後となった。

1990.7.15　石岡　P：白土貞夫

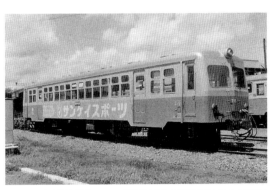

キハ715　旧夕張鉄道キハ254。北海道内からの転入車でも他の4輛とは窓割りが大きく相違する。

1990.7.15　石岡　P：白土貞夫

DD13 171 国鉄から譲受したDD13形。改番せず使用された。
1991.6.5 石岡 P：瀬占龍雄

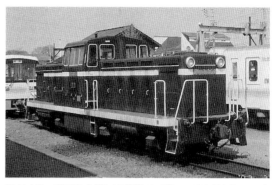

DD13 367 1987年に入線した旧国鉄DD13形。DD902とは台車のエアタンクの有無が異なる。 1993.3.21 石岡 P：中川浩一

付変更届でキハ714がそれぞれ乗務員扉を新設している。廃車はキハ715が1993（平成5）年2月1日付でKR505増備と引き換えに廃車。残ったキハ714は1994（平成6）年に冷房化されて営業廃止の日まで在籍した。

3、鹿島鉄道当時の増備車輌
（1）内燃機関車
DD13 171・13 367

　貨物輸送用に国鉄から譲り受けた2個エンジン付の凸型B〜B型ディーゼル機関車である。DD903・DD904とはならず、国鉄番号を改番せずに使用した。DD13 171は1963（昭和38）年汽車会社製、製番は2982である。老朽化したDD901の代替として1986（昭和61）年1月20日入線、DD13 367はやはり1967（昭和42）年7月汽車会社の製品で製番は3259、1987（昭和62）年12月1日増備した。当時は燃料輸送の最盛期にあたり重連で貨物列車を牽引する時もあって、機関車3輌体制を採ったのである。ただし総括制御不能のため、運転士は各車に乗務した。国鉄直通団体列車のオハ12系客車＜バンダ＞号を牽いたこともある。貨物輸送廃止後の2003（平成15）年4月21日付廃車後に仲介業者の手を経て中華人民共和国河北省承徳市の鉄道へ2輌

揃って売却されたとされる。

（2）内燃動車
KR501〜503・505

　新潟鐵工所製の軽快気動車を、1989（平成元）年の石岡南台駅開業と同時に実施されたダイヤ改正を機に導入した。鹿島鉄道が新製した唯一の形式である。KRは「KASHIMA RAILWAY」を略記した記号で、JR東日本での「E」と同趣旨である。1989（平成元）年6月8日にKR501・502が入線し、1991（平成3）年12月10日にKR503、その翌年12月10日にはKR505（KR504は欠番）が竣功している。当初は石岡〜玉里間区間列車専用に使われたが、のちに全線で運用された。在来形車輌とも連結可能であったが、実行された例は見掛けなかった。曲面大型ガラスを使った非貫通の前面を持ち、他に例のないオリジナルなタイプである。車内はセミクロスシート、冷房付で全車が廃線時まで使用された。

4、営業廃止時在籍の車輌とその後

　車輌説明を入線時期順に行ったため最終日に在籍した車輌が解りにくい面もあるので再録すると、キハ431・432・601・602・714、KR501〜503・505の9輌である。

　このうちキハ431・601、KR505（431は後に他所へ移動）は鉾田駅跡で保管され、キハ432は小美玉市の某病院構内に静態保存された。キハ714およびKR501は個人が譲受け、他は解体処分された。

　施設設備なども土地再開発を急ぐためか石岡駅ではホームをはじめ、大半の建物、線路が撤去されて更地と化し、常陸小川、玉造町、鉾田では駅舎やホームも既に跡形もない。線路もかなりの区間が撤去されているのが、廃止3ヶ月後の状況であった。

KR-503 1989年から4輌が新造されたKR-500形は、鹿島鉄道時代唯一にして最後の新造車となった。 1993.3.21 石岡 P：中川浩一

車輌要目表

蒸気機関車

記号番号	製造年	製造所	軸配置	気筒径 mm	常用気圧 kg／cm²	最大寸法（長×幅×高） mm	動輪径 mm	運転整備 重量 t
1・2	大13.2	コッペル	C	13″×17″23/32	176ポンド	22′―6″25/32×7′―8″3/8×11′―1″1/4	2′―11″	25.13
3・4	明28・30	クラウス	C	379×540	11.3	9,566×2,520×3,620	1,120	35.9
5	大10	日本車輌	C1	330×451	12.66	8,312×2,642×3,454	914	29.97
6	明30	ナスミスウイルソン	1B1	368×508	10.0	9,820×2,286×3,672	1,400	39.71

内燃機関車

記号番号	製造年	製造所	軸配置	最大寸法（長×幅×高） mm	運転整備 重量 t	機関 形式	機関 出力	変速機	備考
D1001	昭12.6	日本車輌支店	B	5,550×2,150×3,350	10.45	池貝6-HSD-12	70KW／1,500 rpm	機械式	
DC351	昭33.8	新三菱三原	C	8,150×2,720×3,781	35.0	三菱ふそうDL2L	460PS／1,800 rpm		
DD451	昭34.2	新三菱三原	D	9,800×2,734×3,690	45.0	三菱ふそうDL2L×2台	460PS／1,800 rpm	DB138	購入は昭39年
DD901	昭33.8	日本車輌	B―B	14,050×2,724×4,022	51.6	DMF31SB×2台	500PS／1,500 rpm	DB138	実際製造年は昭30年
DD902	昭43	日本車輌	B―B	13,600×2,805×3,848	50.0	DMF31SB×2台	500PS／1,500 rpm	DB138	
DD13171・13367	昭38・42	汽車会社	B―B	13,600×2,846×3,849	56.0	DMF31SB×2台	500PS／1,500 rpm	DB138	

注）他に無番号の昭和53年協三工業製のC形機関車が廃止直前まで存在したが、車籍はなかった。

客車

記号番号	製造年	製造所	定員(座席) 人	最大寸法（長×幅×高） mm	自重 t	備考
ハ（ロハ）5～6	大13.5	日本車輌支店	40	8,548×2,683×3,600	8.0	単車、ロハ5～6当時の定員二等8人、三等24人
ハフ10～13	大13.5	日本車輌支店	40	8,547×2,683×3,600	8.0	単車
ハフ20		日本車輌支店	42	8,050×2,460×3,270	6.7	単車
ハ21	昭18.7	日本車輌支店	48	10,100×2,450×3,530	7.34	単車
ハ22	昭4.8	小島栄次郎	32	8,380×2,600×3,330	5.90	単車
ハ23	昭4.8	小島栄次郎	27	8,380×2,600×3,200	5.82	単車
ハフ30			49	24′―7″1/2×8′―2″×10′―11″1/8	6.55	単車
ハフ35			49	24′―7″1/2×8′―2″×10′―11″3/4	6.55	単車
ホハフ401	昭9.9	日本車輌	100	13,974×2,640×3,680	16.2	キハ40401に改造
ホハフ402	昭6.12	日本車輌	100(41)	12,356×2,620×3,555	14.4	キハ40402に改造
オハフ801	(昭23.12)	関東車輌改	118(54)	16,700×2,900×3,840	25.0	
オハフ803	(昭24)	水海道工改	118(60)	17,000×2,840×3,725	25.0	

注）未記載部分は不明

内燃動車

記号番号	製造年	製造所	定員 (座席) 人	最大寸法（長×幅×高） mm	自重 t	機関 形式	機関 出力／回転数	変速機	備考
キハ101～103	昭4.11	日本車輌支店	60(26)	9,950×2,730×3,690	10.0	ウォーケッシャ 6-SRL	58.9KW／1,500 rpm	機械式	単車 キハ102→ハフ102に改造
キハ201	昭11.6	日本車輌支店	80(38)	12,020×2,720×3,620	15.0	三菱ふそうDB7L	150PS／1300 rpm	機械式	
キハ40401	昭9	日本車輌支店	80(50)	14,056×2,720×3,740	18.0	三菱ふそうDB7L	150PS／1300 rpm	機械式	
キハ42201・42202	昭11	川崎車輌	116(52)	17,694×2,700×3,680	22.93	三菱ふそうDB8	120PS／1,500 rpm	機械式	キハ42201→キハ651に改造
キハ41004	昭9	鷹取工	109(62)	16,972×2,640×3,760	21.3	DMF13B	120PS／1,500 rpm	機械式	
キハ41005 キハ41006 キハ41007	昭9.3 昭8.12 昭9.3	新潟鐵工所 日本車輌 鷹取工	109(62)	16,220×2,730×3,760	22.7	振興DMF13B	120PS／1,500 rpm	機械式	キハ411に改造 キハ412に改造
キハ41301	昭9	大井工	109(62)	16,400×2,730×3,750	22.8	振興DMF13	120PS／1,500 rpm	機械式	
キハ41303	昭10	大宮工	89(62)	16,220×2,720×3,655	22.72	三菱ふそうDB31L	120PS／2,200 rpm	機械式	
キハ42501	昭11	川崎車輌	120(58)	19,716×2,740×3,650	27.2	DMH17	160PS／1,500 rpm	TC-2	
キハ42502・42503	昭11	川崎車輌	96	19,716×2,740×3,650	27.2	DMH17	160PS／1,500 rpm	機械式	キハ42503→キハ601に改造
キハ42504	昭12.3	大宮工	116	19,614×2,740×3,650	26.5	DMH17	150PS／1,500 rpm	機械式	キハ42502→キハ602に改造
キハ83	昭10	汽車会社支店	100(46)	15,600×2,640×3,780	20.05	DB31	130PS／1,800 rpm	機械式	
キハ411・412	(昭47)	西武所沢工改	110(58)	16,220×2,730×3,760	23.0	DMF13C	140PS／1,500 rpm	TC-2	
キハ431・432	昭32	東急車輌	120(50)	16,500×2,725×3,772	23.0	DMF13C	120PS／1,500 rpm	TC-2	
キハ601	(昭47)	西武所沢工改	120(58)	19,716×2,728×3,550	28.4	DMH17	160PS／1,500 rpm	DF115	
キハ602	(昭47)	西武所沢工改	120(58)	19,716×2,728×3,550	27.0	DMH17	160PS／1,500 rpm	DF115	
キハ651	(昭42)	水海道工改	120(56)	17,916×2,700×3,680	24.5	DB8	120PS／1,500 rpm	機械式	
キハ711～713	昭31	新潟鐵工所	144(72)	20,100×2,730×3,740	30.0	DMH17BX	180PS／1,500 rpm	DF115	
キハ714	昭28	新潟鐵工所	120(68)	20,100×2,730×3,695	28.0	DMH17B	160PS／1,500 rpm	DF115	
キハ715	昭31	新潟鐵工所	116(68)	20,100×2,730×3,695	29.0	DMH17B	160PS／1,500 rpm	DF115	
KR501・502 KR503・505	平元 平2・3	新潟鐵工所	103(50)	16,300×2,730×3,845	27.5	DMF13HS	250PS／1,900 rpm	TACN22	

注）機関換装の場合は最終搭載のものを記載

107

あとがき

　近年、地方私鉄でも車輌の規格化、系列化が進むなかで、鹿島鉄道は戦前生まれや強い個性の車輌が多く活躍し、美しい風景の沿線も加わり、ファンには魅力ある存在であった。残念なことに2007（平成19）年3月31日限りで営業を廃止したが、変化に富んだ車輌史を多くの方々のご支援を受けてまとめることが出来た。近年は廃線時に在籍した車輌だけが脚光を浴びて紹介される傾向にあるけれど、長い歴史のなかで沿線住民の足を支えてきた多くの車輌が他にも存在した事実を知っていただければ幸いである。

　本書は鹿島参宮鉄道の発足以来、関東鉄道鉾田線を経て鹿島鉄道に至った歴史と、貨車を除いた車輌紹介である。それゆえ一時的には鹿島参宮鉄道所属であった竜ヶ崎線に関しては、原則として記述を省略した。執筆分担は「序論」「沿革」を主に中川が、「車輌」を含む他の項目は主に白土が担当した。もちろん相互に原稿を検討し、より良い内容に仕上げたつもりである。単純な車輌紹介に終わらず、広い視点から同鉄道を見ていただきたいと考え、コラムを設けて、堤　一郎、

根本幸男のお二人にも執筆を御願いした。貴重な証言資料や写真を提供下さった青木栄一、伊藤威信、伊藤昭、今津直久、瀬古龍雄、髙井薫平、千代村資夫、中村夙雄、中西進一郎、名取紀之、藤本一美、諸河　久、湯口　徹の皆様によるご支援もありがたく、ともに記して御礼を申し上げる。

白　土　貞　夫（鉄道友の会監事）
中　川　浩　一（茨城大学名誉教授）

■主要参考文献
ダイヤモンド社編『関東鉄道』創立50周年記念（1973年）
関東鉄道『関東鉄道七十年史』（1993年）
鉄道省監督局編『地方鉄道軌道営業年鑑』（1931年・鉄道同志会）
小川　功『企業破綻と金融破綻～負の連鎖とリスク増幅のメカニズム』（2002年・九州大学出版会）
湯口　徹『からっ風にタイホーンが聴こえる（上）』（1986年・プレスアイゼンバーン）
飯島　巌・森本富夫・諸河　久『関東鉄道・筑波鉄道・鹿島鉄道』（1985年・保育社）
中川浩一『茨城の民営鉄道史』合本（1986年・筑波書林）
白土貞夫・羽鳥裕子『水郷汽船史』（1984年・筑波書林）
中川浩一「鹿島参宮鉄道探訪」Romance Car　18号（1951年・東京鉄道同好会）
中川浩一「鹿島参宮鉄道の設立と展開」鉄道史学　1号（1984年）、資料収集は飯島令子
白土貞夫「鹿島参宮鉄道」鉄道ピクトリアル　145号（1963年）
白土貞夫・小石川多助「関東鉄道（補遺）」鉄道ピクトリアル　254号（1971年）
白土貞夫「気動車天国　関東鉄道」鉄道ファン　148号（1973年）

昭和40年代中盤の石岡機関区構内。車輌は左からキハ41303、42504、42501。　　　　　　　　　　　　　　　　　1970.12.7　P：根本幸男